Bambus

blvgartenplus

FRIEDRICH EBERTS

Bambus

Die schönsten Arten und Sorten
Auswählen, Gestalten, Pflegen

blv

Inhalt

Gartengestaltung mit Bambus 62

Die Praxis – Bambus im Garten 72

Bezugsquellen, Adressen, Literatur 92

Kleine Kulturgeschichte des Bambus

In China gilt Bambus als Freund des Menschen, in Vietnam als sein Bruder, und in Indien ist er das Holz der Armen. Wir Mitteleuropäer indes fangen gerade erst an, die Vielseitigkeit des Wundergrases zu erkennen.

In manchen Kulturen begleitet Bambus den Menschen buchstäblich von der Wiege bis zur Bahre: Die Nabelschnur des Neugeborenen wird mit einem Messer aus Bambus durchtrennt. Das Kind wird in eine Wiege aus Bambus gebettet und in den Schlaf geschaukelt. Das Dach, manchmal das ganze Haus, das den Menschen schützt, besteht aus Bambus, neuerdings auch der Stoff, den man auf dem Körper trägt. Geräte und Werkzeuge aus Bambus helfen dem Bauern bei der Bestellung seines Feldes. Er füttert sein Vieh mit dem Grün, ernährt sich aber auch selbst von den Sprossen. Am Ende seines Lebens wird sein Leichnam auf einer Bahre aus Bambus zu Grabe getragen. Der Bambus hat tausend Gesichter.

Wir interessieren uns hauptsächlich für Bambus als Zierpflanze in unseren Gärten. Das Gras, das in den Himmel wächst, war lange ein Geheimtipp nur unter Kennern. Aber als Mitte der 1990er-Jahre eine Bambusart fast überall auf der Welt zur gleichen Zeit blühte und starb, kam er schlagartig ins Gespräch, und viele wurden neugierig.

Wo der Bambus zu Hause ist

Die ursprüngliche Heimat des Bambus ist China und Japan, und es ist unbestritten, dass Asien die meisten Bambusarten zu bieten hat. Dort wurde er schon vor nahezu 2000 Jahren in Schriften erwähnt, und es existieren Aufzeichnungen, die auf Bambusstreifen festgehalten sind. Auch in anderen Ländern Asiens, in Korea, auf den Philippinen, in Indonesien und auf dem indischen Subkontinent etwa, finden wir große Bambus-Bestände, ferner in Australien

Bambus bis zum Horizont. Wie hier in China sind große Flächen Zentralasiens mit Bambus bewachsen und werden auch forstwirtschaftlich genutzt.

◀ Marktszene in Vietnam. Traditionelle Bambuskörbe werden zum Verkauf angeboten. Das Bambusgeäst findet als Hofbesen Verwendung.

Teilansicht einer Bambuspflanzung auf der Expo 2000 in Hannover. Von Bambus umgebene Sitzgelegenheiten laden den Besucher zum Verweilen ein. Die gelbhalmigen Großpflanzen von *Phyllostachys viridis* 'Sulphurea' wurden eigens für die Weltausstellung kultiviert.

und in Südafrika. Selbst in Mittel- und Südamerika sind die anpassungsfähigen Bambusse heimisch. Allgemein kommen sie zwischen dem 50. nördlichen (z.B. im Norden Japans) und dem 47. südlichen Breitengrad (z.B. im südlichen Chile) vor.

Bambusse in der westlichen Welt

In Europa fand man in der Nähe von Lyon Versteinerungen aus dem Tertiär, die darauf schließen lassen, dass es ursprünglich auch in unseren Breiten Bambusse gab. Doch durch die Eiszeiten wurden sie, zusammen mit vielen anderen Pflanzengattungen, ausgelöscht. Bei den heutigen Bambussen haben wir es daher mit Neueinführungen zu tun. Einige Arten kamen bereits vor mehr als 200 Jahren zu uns, doch die meisten erreichten Europa zu Beginn des 20. Jahrhunderts. Pflanzenjäger brachten sie von ihren strapaziösen Reisen aus Japan und Zentralchina mit.

Den bei uns gebräuchlichen Namen hat dem Bambus (engl. bamboo) wahrscheinlich Marco Polo gegeben. Er erwähnt die Riesengräser in seinen Reiseberichten, und die Legende erzählt, dass der Forscher auf seinen Expeditionen abends gern Bambus im Lagerfeuer verbrennen ließ, um wilde Tiere fern zu halten. Durch die Hitze dehnt sich die Luft in den Hohlräumen zwischen den Knoten aus und bringt den Halm mit einem lauten Knall – bäm-bu! – zum Explodieren.

Bauen und Wohnen mit Bambus

In China wurde noch vor der Song-Dynastie (960–1279), vor mehr als eintausend Jahren also, eine 500 m lange Hängebrücke aus Bambus über den Min-Fluss gebaut. Auf einer seiner Reisen besuchte Marco Polo im 13. Jahrhundert dieses bautechnische Weltwunder und berichtete begeistert darüber. Besonders beeindruckt war er von den Tragseilen, die aus geflochtenem Bambus gefertigt waren. Ihre Tragfähigkeit, so

Ein Gebäude aus Bambus. Wie kunstvoll erfahrene Handwerker dieses Material verarbeiten können, zeigt sich hier am Beispiel des Expo Visitor Center Kunming.

notierte er, übertreffe die des sonst gebräuchlichen Hanfes. Eine weitere Glanzleistung der Menschheit, die ohne den Bambus wohl nicht hätte verwirklicht werden können, ist der über 1000 km lange Schifffahrtskanal zwischen Peking und Hangzhou, die über Jahrhunderte wichtigste Handelsverbindung zwischen den beiden Städten. Er wurde von Hand ausgehoben, die Erde wurde in Körbe aus Bambus geschaufelt, und diese wurden an Tragestangen aus Bambus eingehängt und ans Ufer transportiert.

In China verwendet man Bambushalme im Gerüstbau. Das ist nichts für Angsthasen und auch nichts für unsere TÜV-Leute. Die Gerüste stehen dort oft nicht auf dem Boden auf, sondern sind der Fassade regelrecht vorgehängt. In schwindelnder Höhe balancieren ungesicherte Arbeiter und verbinden die Stangen mit feinen Streifen aus grünem Bambus.

Heutzutage errichten renommierte Architekten ganze Bauwerke aus Bambus. Berühmt wurde etwa der Kolumbianer Simon Velez mit seinem Bambuspavillon für die Expo 2000 in Hannover. Velez' oft freitragende Dachkonstruktionen sind nicht nur ein Zeugnis von handwerklicher Kunst, sie sind obendrein schön anzusehen.

Wer mit Bambus baut, bedient sich eines nachwachsenden Rohstoffes und schont den Tropenwald. In Südamerika, wo Bambus lange Zeit als das Baumaterial der armen Leute abgetan wurde, gewinnt er zunehmend an Ansehen. Wenn wir die wunderschönen leichten Flächentragwerke des amerika-

Baugerüste aus Bambushalmen werden in China selbst für den Bau höchster Wolkenkratzer verwendet.

Ganz mit Bambusmöbeln ausgestattet ist diese landestypische Hotellobby in der Nähe von Bangkok, Thailand.

nischen Architekten Eric Bunge im Außenbereich des Modern Art Museums in New York betrachten, verstehen wir warum. In Leipzig wurde jetzt ein neues Parkhaus errichtet. Die Außenwände zwischen den verschiedenen Etagen sind aus starken Halmen des *Guadua angustifolia*. Sie kommen aus Kolumbien und wurden dort durch ein spezielles Räucherverfahren haltbar gemacht.

Bambus hat großes Potenzial bei der Ressourcenschonung: Er produziert in der gleichen Zeit 6-mal mehr Biomasse als herkömmlicher Wald.

Sehr eindrucksvoll sind die Belastungsversuche, die Jules Jannssen an der Universität in Eindhoven, Holland, mit seinen Studenten gemacht hat. Dabei hat sich nämlich herausgestellt, dass das Riesengras bei Druck und Zug dem Stahl in mancherlei Hinsicht sogar überlegen ist. Besonders in erdbebengefährdeten Gebieten haben sich Bauwerke aus Bambus bewährt.

Bambusparkett und Bambusmöbel

Wenn es um die Verarbeitung von Bambus geht, bieten sich die hellen getrockneten Halme an. Sie werden aus China, Indonesien oder aus Thailand importiert. Es gibt sie in verschiedenen Durchmessern zwischen 1 cm und 12 cm, am häufigsten in einer Länge von 3 m. Rissbildung ist nicht immer zu vermeiden. Grüne, frische Halme europäischer Herkunft, mit einem Durchmesser von ebenfalls bis 12 cm, aber üblicherweise in 6 m Länge, werden zunehmend bekannt. Sie entwickeln sich in jüngster Zeit zu einem beliebten Werkstoff und zu einer Herausforderung für Messebauer.
Vor etwa 20 Jahren machte der chinesische Professor W. Y. Hsiung eine bahnbrechende Erfindung: Er hatte sich vorgenommen, den von Natur aus runden Bambus flach zu bekommen, dem Holz ähnlich, um dadurch neue Verwertungsmöglichkeiten zu schaffen. Dazu ließ er aus den Halmen des Moso-Bambus mit einem Durchmesser von 10 cm etwa 3 cm breite und 1 cm dicke Längsstreifen heraustrennen. Auf diese Weise erhielt er »Latten«. Diese Latten wurden zunächst aneinander,

danach in Schichten übereinander geklebt und schließlich unter hohem Druck in Pressen eingespannt. Endlich war es möglich, der verarbeitenden Industrie Bambus in flacher Form als »Tischlerplatten« zu liefern.
Mit einem Mal boten sich den Designern völlig neue Möglichkeiten. Bambus kann jetzt mit herkömmlichem Holz konkurrieren. Und Bambusparkett etwa steht in seinen Eigenschaften Eichenparkett in nichts nach. Heute gibt es neben Bodenbelägen auch Wandverkleidungen und selbst ganze Küchen-Frontpartien aus Bambus. Die Übergänge an den Knoten heben sich farblich ab und wirken als schöne Maserung.
Bambusmöbel existieren zwar, aber häufig werden unter dieser Bezeichnung Stücke aus Rattan verkauft. Echte massive Bambusmöbel wirken oft schwer und passen nur selten in unser mitteleuropäisches Ambiente. Anders, wenn man den Bambus aufspaltet und ihn in Streifen verarbeitet bzw. schichtverleimten Bambus als Ausgangsmaterial hat. Dann gewinnt er wieder an Elastizität, und seine Maserung und die Faserstruktur wirken optisch ansprechend.

Bambus in Kunst und Kultur

In China wird man ständig an die jahrtausendealte Verbundenheit des Menschen mit dem Bambus erinnert. Das Schriftzeichen »chu« stellt zwei Bambuszweige dar. Für sich alleine heißt es *Bambus,* aber wir begegnen ihm hundertfach auch in anderen Wörtern.
Die ersten Aufzeichnungen aus dem 2. vorchristlichen Jahrhundert sind auf grünen Bambusstreifen eingeritzt. Das lässt sich auf grünem Bambus leicht bewerkstelligen. Um daraus ein Buch zu machen, hat man diese Streifen gelocht und mit dünnen Riemen aus Leder zusammengebunden. Ein solches erst vor kurzem in einer Grabstätte entdecktes Buch stammt aus der Han-Dynastie und besteht aus 312 Bambusstreifen.

Kalligrafie und Malerei

Die chinesischen Schriftzeichen für Freund und Bambus sind nahezu identisch. Bambus steht in Fernost als Sinnbild für eine erstrebenswerte Lebenshaltung und war von jeher Objekt für Maler und Künstler. Auf den chinesischen Rollbildern, die oft auf Bambus-Papier gemalt sind, sind fast immer Abbildungen von Bambuspflanzen zu sehen. Auch die Pinselbecher der Künstler sind aus Bambus, sogar der Pinsel selbst ist aus einem an der Spitze haardünn gespaltenen Bambushalm gefertigt.

Vom Teebesen bis zum Riesendrachen

Zu der in Japan zelebrierten **Teezeremonie** gehört ein kunstvoll gespaltener »Teebesen«: Er be-

Bambus liefert dem Maler den Pinsel, das Papier und hier auch das Motiv.

Formenvielfalt: Geflochtene Bambusstreifen werden zu allerlei Sieben, Körbchen und Schalen, ganze Halmstücke zu Flöten, Bechern, Kästchen und mehr.

steht aus einem ca. 3 cm langen Halm, der sich nach vorne in bis zu 120 hauchdünne Bambusfäden auffächert. Zuvor wird der pulvrige Tee mit einem am Ende gebogenen Span aus Bambus aus seinem Gefäß gehoben und in die Lackschale gegeben.
In Kyoto, der früheren Hauptstadt des japanischen Kaiserreiches, gibt es heute noch Werkstätten zur Herstellung von feinen, papierbespannten faltbaren **Bambusfächern.**
Kyudo, die Kunst des Bogenschießens, hat eine lange Tradition. Dieser **Sport,** bei dem es hauptsächlich auf Konzentration ankommt, wird selbst im hektischen Japan unserer Tage gepflegt. Auch die Pfeile dazu liefert der Bambus.
Bei der in Japan bekannten Kampfsportart Kendo bedient man sich eines Stockes aus Bambus und schützt darüber hinaus sein Gesicht mit einer Maske aus Bambus.
Chinesische **Drachenbauer** schätzen Bambus als Werkstoff zum Einen wegen seiner hohen Elastizität, aber auch wegen seiner Festigkeit. Bambus lässt sich in Längsrichtung entlang der Fasern sehr gut spalten. Er ist biegsam und kann mit Hitze in jede Form gebracht werden. Den größten aller Drachen baute man im 19. Jahrhundert auf der Insel Shikoku. Der Wanwan-Drachen hatte eine Spannweite von 20 m und ein Gewicht von nahezu 2 Tonnen – und er flog. Sein Schweif alleine hatte eine Länge von 150 m und wog 750 kg. Zum Start dieses Großdrachens brauchte es einen starken Seewind und außerdem 200 Männer zur Starthilfe. Drachenbauer versehen ihre Himmelstürmer mitunter mit Flöten aus Bambus. In China gibt es auch Taubenbesitzer, die ihren gefiederten Freunden kleine Bambusflöten auf den Rücken binden und sie dann auffliegen lassen.

Bambus-Orchester

Außer den uns bekannten Panflöten, den Shakuhachiflöten und den balinesischen Anklungs gibt es eine große Zahl aus Bambus gefertigter Musikinstrumente. Man kann daher David Farrelly, dem Autor des Buches »Bamboo«, nur zustimmen, wenn er schreibt, in jedem Bambushain sei ein ganzes Orchester versteckt.

Ernte: Frische Bambussprosse werden noch im Bambuswald für den Transport in Kisten gepackt.

Taketombo oder Bambuslibelle
Seit Generationen sind Bambuslibellen in Japan ein beliebtes Spielzeug. Es gibt sogar Klubs, in denen die Kunst des Taketombobaus gepflegt wird. Man veranstaltet Meisterschaften und Flugtage. Der Höhenrekord eines aus der Hand gestarteten Taketombos liegt bei 33 m. In der Horizontalen wurden bei Windstille 51 m gemessen. Der Stiel besteht aus einem dünnen Bambusstäbchen. Der Propeller, in dessen Zentrum das Stäbchen eingeleimt ist, ist aus einem flachen Bambusholz unterschiedlicher Form gefertigt, das über Dampf gebogen wird und im Außenbereich eine Auflage aus Blei oder Kupfer erhält. Das verbessert die Flugeigenschaften. Das Taketombo wird gefeilt und geglättet, es darf keine Unwucht aufweisen.
Fluganleitung: Legen Sie das Stäbchen an die Wurzel der linken Hand und halten es mit den Fingerspitzen der rechten Hand. Die linke Hand stehen lassen, die rechte rasch nach vorne bewegen: Das Stäbchen und der Propeller werden in Drehung versetzt. Je schneller, desto höher steigt das Taketombo.

Taketombo oder Bambuslibellen – ein beliebtes Spiel für Jung und Alt.

Kochen mit Bambus

Frische Bambussprosse gelten, vor allem wenn sie sehr zeitig geerntet werden, als echte Delikatesse. In China und in Japan werden die »winterbamboo« geschätzt und teuer bezahlt. Sie werden geerntet, noch bevor sie ans Tageslicht kommen. Die Bauern gehen barfuß in ihren Bambushain und ertasten mit den Fußsohlen, wo demnächst ein Spross herauskommen wird. An dieser Stelle wird Erde angehäuft, der frische Spross wächst in diesen Hügel hinein und bleibt länger zart, ähnlich, wie wir es vom Spargel kennen. Kurz darauf wird die Erde entfernt, der Spross freigelegt und mit einem Spezialmesser abgeschnitten. Eine wichtige Art ist *Phyllostachys edulis,* »der Essbare«.

Entenbrustsalat mit Bambussprossen
(vier Portionen)

50 g Mu-Err-Pilze (chinesische Morcheln; alternativ Egerlinge*)
150 g frische Bambussprossen
2 Entenbrustfilets
2 TL Ingwer
Saft von 3 Orangen
1 EL Sojasauce

Zubereitung:
Mu-Err-Pilze in Wasser 10 Minuten kochen, danach unter fließendem Wasser gründlich waschen und abtropfen lassen. Bambussprossen waschen und in dünne Streifen schneiden. Die harten Enden nicht verwenden. Entenbrustfilets waschen, trockentupfen und evtl. vorhandene Federn abzupfen. ilets in einer Pfanne zunächst mit der Hautseite ohne Fett bei schwacher Hitze 5 Minuten braten, danach wenden und weitere 5 Minuten braten. Diesen Vorgang noch einmal wiederholen. Filets aus der Pfanne nehmen, in Alufolie einpacken und ruhen lassen. Ingwer in feine Streifen schneiden und mit Bambussprossen und Mu-Err-Pilzen in dem Fond der Entenbrust bei schwacher Hitze ca. 3 Minuten schwenken. Orangensaft und Sojasauce unterrühren und 10 Minuten köcheln lassen. Entenbrustfilets aus der Folie nehmen und in dünne Scheiben schneiden. Das Fleisch mit Bambussprossen und Mu-Err-Pilzen vermischen. Nach Belieben mit 1/2 EL Sojasauce abschmecken.

Zubereitungszeit ca. 40 Minuten.

* Bei Verwendung von Egerlingen die Pilze abbürsten, in Scheiben schneiden und wie im Rezept beschrieben zubereiten.

Ebenfalls wohlschmeckend sind *P. praecox*, *P. dulcis* und *P. iridescens*. Doch nahezu alle Bambussprossen sind essbar. Die verschiedenen Gattungen kommen zu unterschiedlichen Zeiten auf den Markt, sodass sich die Saison über Monate erstreckt. Auch im Herbst gibt es mit den *Chimonobambusa* nochmals eine Ernte. Frisch geerntete Sprosse schmecken ganz anders als diejenigen, die aus der Dose kommen. In Japan, vor allem in den ländlichen Gebieten, war es früher üblich, Bambussprosse in Fässern zu pökeln und auf diese Weise haltbar zu machen. Die Zubereitung geht folgendermaßen:
Man entfernt die Hüllblätter und legt die Sprosse in kaltes Wasser, dem Salz und eine Prise Zucker beigefügt werden. Nach etwa 10-minütiger Kochzeit wird das Wasser gewechselt, und die Sprosse werden erneut kurz gekocht. So entledigt man sich eventuell vorhandener Bitterstoffe. Wenn die Sprosse erkaltet sind, schneidet man sie in Streifen oder in Würfel. Dann kommt es darauf an, womit man sie kombiniert: Häufig sind es Shrimps, Rind- oder Hähnchenfleisch, aber auch Pilze eignen sich. Bambussprosse können mit einer Vinaigrette als Salat ser-

viert werden. Manche frischen Sprosse, etwa die von *Sasa palmata* f. *nebulosa,* lassen sich auch roh zubereiten. Allgemein kommt es bei der Verwendung von Bambussprossen in der Küche immer auf den Einfallsreichtum des Kochs oder der Köchin an. Bambus selbst hat keinen großen Eigengeschmack, man schätzt in erster Linie seinen Biss.

Präparate auf Basis von Bambuskohle. Unter anderem soll der hohe Siliziumgehalt für die Heilwirkung verantwortlich sein.

Bambus in Medizin und Kosmetik

Es gibt eine echte Bambusmedizin, Tabashir genannt, der vielfältige Heilwirkung zugeschrieben wird, besonders zur Linderung von Asthma und Husten, aber auch als Aphrodisiakum. Dabei handelt es sich um Ausscheidungen des Bambus, die sich im Innern mancher Halme in Form von Kristallen absetzen, wie grobes Salz aussehen und schwer löslich sind. Nicht nur in Asien trifft man Menschen, die an die beruhigende Wirkung von Bambusholzkohle glauben und ein Stückchen davon am Hals tragen. Neuerdings sind auch bei uns Bambuspflaster erhältlich, die, auf die Fußsohle geklebt, dem Körper Giftstoffe entziehen sollen.

In Frankreich ist ein Produkt auf dem Markt, das ein Bambusextrakt enthält und angeblich zur Stärkung der Wirbelsäule beiträgt. Tatsächlich ist die Verbindung zwischen Bambus – der sich biegt, aber nicht bricht, sich unter schwerer Last beugt, aber danach wieder aufrichtet – und uns Menschen gar nicht so weit hergeholt.
Bambusextrakte finden wir auch in Badezusätzen, in Zahnpasten und neuerdings in Nagellacken. In der Werbung des bekannten Herstellers macht man sich die Eigenschaft des Bambus zu eigen: stark und flexibel.

auf einen blick

- Mit Bambus kann man Brücken bauen und Tempel. Aber auch Hochhausgerüste. Vor allem Möbel. Und tausend Geräte und Behälter für den Alltag.
- Bambus kann man essen. Frische Bambussprosse zu kochen, erfordert zwar etwas Zeit, aber es lohnt. Bambus hat Biss.
- Mit Bambus kann man Musik machen oder Tee zubereiten. Und man kann den Bambus auch fliegen lassen, als Drachen oder schnurrende Libelle.

Botanische Besonderheiten

Der Bambus ist eine Pflanze der Superlative. Manche Art schießt, auch bei uns, in wenigen Wochen 6 m in die Höhe, mit Halmen stabiler als Stahl. Was macht den Bambus so einzigartig? Wie kann er solche biologischen und mechanischen Höchstleistungen vollbringen?

Bambusse gehören zu der großen Familie der Gramineae (Süßgräser) und sind also mit dem Mais und unseren Feld- und Wiesengräsern verwandt. Sie bilden eine Unterfamilie, die man als Bambusoideae oder, auf Deutsch, Bambusgewächse bezeichnet. Es gibt über 100 Bambus-Gattungen und weltweit nahezu 1100 Arten. Manche davon werden nur eine Handbreit hoch – sie dienen in Japan als Rasenersatz –, während andere, tropische Bambusse Höhen von 35 m schaffen. Ihnen allen ist jedoch gemein, dass sich ihr gesamtes Wachstum immer während zweier Monate vollzieht. Nach dieser Zeit hat der Bambushalm Lebensgröße erreicht und verändert sich nicht mehr.
In unseren Breiten, vor allem im Weinbauklima, schaffen manche *Phyllostachys*-Arten 10 m Höhe.

◀ Junge Bambussprosse in einem Bambushain. In nur vier bis sechs Wochen werden sie ihre volle Wuchshöhe erreicht haben.

Im Tessin erreicht *Phyllostachys pubescens* (Moso) 20 m, mit Halmdurchmessern von 13 cm. Auch an der ligurischen Küste, unweit von Genua, im Val Fontanabuona, gibt es solche imposanten Pflanzen.

Ein immergrünes Gras

Besonders gelobt wird immer wieder die Tatsache, dass der Bambus ganzjährig grün ist.
Sein frühlingshaftes Grün fällt uns besonders im Winter auf.
Die Bambusse wiegen sich im Wind, ihre Halme wogen, die Blättchen sind ständig in Bewegung, sie flirren im Sonnenlicht. Nicht wenige Leute hören besonders gern auf die Geräusche der Bambusse – vielleicht ist es das leichte Säuseln ihrer Blätter, vielleicht auch das Knarren aneinander reibender Halme. Eines jedenfalls steht fest: Im Bambus ist Musik.
Viele sensible Menschen fühlen sich vom Bambus auf besondere Weise angesprochen, jeder anders, doch kaum einer ist in der Lage zu beschreiben, warum.

Bambus, der in den Himmel wächst. Im Bambuswald (hier *Phyllostachys edulis)* herrscht immer eine ganz besondere Atmosphäre.

Am Beispiel Fargesie wird der horstige Wuchs deutlich sichtbar. Das Rhizom ist durch die Vielzahl der Feinwurzeln verdeckt.

Die Tatsache, dass der immergrüne Bambus auch im Winter Deckung schafft, kommt übrigens auch den Vögeln gelegen. Sie nächtigen gern im Bambus. Bei den niedrigen als Bodendecker verwendeten Bambussen werden die Zweige und Blätter im Winter braun und strohig. Bei *Sasa veitchii* verliert sich im Spätherbst das Grün an den Blatträndern und macht einer sehr dekorativen Weißfärbung Platz, der hauptsächlichen Zierde dieser Art.

Die zwei Hauptgruppen des Bambus

Horstartig wachsende Bambusse

Zu ihnen gehören hauptsächlich die in den Tropen beheimateten Bambusse wie *Bambusa vulgaris, Bambusa multiplex, Bambusa ventricosa, Bambusa oldhamii* und *Dendrocalamus giganteus.* Wegen ihrer mangelnden Winterhärte treffen wir diese Arten hierzulande jedoch allenfalls in den Tropenhäusern botanischer Gärten. Anders die **Fargesien.** Von Dänemark kommend, haben sie vor etwa 50 Jahren verstärkt begonnen, in unsere Gärten einzuziehen. Horstbildende Bambusse haben kurze, verdickte Rhizome. Diese bilden fortlaufend und in sehr kurzen Abständen eine Vielzahl dicker Knospen aus, die sich dann wiederum zu einem kompakten Geflecht verzweigen. Die daraus an die Oberfläche entsandten Sprosse weisen im unteren Bereich kleine Wurzelansätze auf. Über der Erde bilden die Halme einen undurchdringlichen Horst. Unterirdisches Wuchsverhalten und das über der Erde ähneln sich sehr. Ob Rhizome oder Halme – alles steht in engem Verbund miteinander.

Im Gegensatz zu anderen Bambussen beobachtet man bei Fargesien auch Zuwachs im Spätsommer oder im frühen Herbst. So kommt es bisweilen vor, dass einzelne Halme vor dem Winter nicht mehr völlig ausreifen können und dann erfrieren. Ein Auslichten, d.h. ein Entfernen der alten Halme gestaltet sich durch ihren kompakten Wuchs schwierig. Andererseits ist dieser Bambus gerade wegen seiner Blickdichte bei uns so beliebt. Und in einem Horst von *Fargesia* sterben alte, nicht mehr lebensfähige Halme ab. Dann kann man sie leicht erkennen und entsprechend mit der Hand ausreißen.

Typische Kennzeichen der Fargesien sind dichtbuschiger Wuchs und viele eng stehende, meist nur kleinfingerstarke Halme, die oft zu Hunderten aus dem Boden sprießen. Die Halmscheidenblättchen bleiben sehr lange am Halm haften.

Ein horstbildender Bambus nimmt mit den Jahren an Durchmesser zu und wird im Regelfall, je nach Sorte, eine Höhe zwischen 1 und 3 m erreichen. Da *Fargesia* keine Ausläufer in die Umgebung schickt, gibt es keinen Grund, sie mit einer Rhizomsperre zu umgeben.

Links: Gestauchtes, verdicktes Rhizom horstbildender Bambusse.

Rechts: Schlankes, verlängertes Rhizom hainbildender Bambusse.

Ausläufer bildende Bambusse

Diese zweite Gruppe umfasst die hainbildenden Bambusse. Zu den für uns wichtigsten Vertretern zählen die *Phyllostachys*. Sie haben ausschweifende, schlanke Rhizome, an denen sich in unregelmäßigen Abständen die Sprosse entwickeln. Während wir es bei den horstbildenden Arten unterirdisch und oberirdisch mit einem sehr kompakten Wuchs zu tun haben, entsteht bei den *Phyllostachys* unterirdisch ein lockerer Rhizomverband, der sich an der Oberfläche in den Halmen fortsetzt. Das Netz der Rhizome findet sich überwiegend im Bereich von 10 bis 30 cm unter der Erdoberfläche. Die Halme, die aus dem Boden kommen, haben einigen Abstand zueinander. Auf diese Weise wird sichergestellt, dass alle Halme in den Genuss des Sonnenlichtes kommen.

Ein hainartiger Verband wird mit der Zeit immer dichter. Auf Plantagen, aber auch im eigenen Garten greift der Mensch hier regulierend ein (siehe Kapitel *Pflege,* Seite 82). Neben den *Phyllostachys* gehören auch die Gattungen *Sasa, Pleioblastus, Hibanobambusa* und *Semiarundinaria* in diese Gruppe. Sie alle senden unterirdische Triebe nach außen, die meterweit von der Ursprungspflanze entfernt an anderer Stelle im Garten oder gar im Garten des Nachbarn aufkommen können. Die Rhizome streichen zwar meist knapp unter der Erdoberfläche, sie können aber, je nach Bodenart, auch in eine Tiefe von 50 cm abtauchen. In Kyoto hat der bekannte Bambuswissenschaftler Dr. Koichuro Ueda einmal seine Studenten beauftragt, das Rhizomgeflecht eines Bambushaines auf einer 1000 qm großen Fläche freizulegen. Das war eine mühevolle

Auf dem schlanken, elfenbeinfarbenen Rhizom eines *Phyllostachys* entsteht ein neuer Halm.

Arbeit, denn man wollte das Netzwerk ja nicht zerstören. Das Ergebnis der Messungen war verblüffend: Die Rhizome hatten ein Gewicht von fünf Tonnen und eine Gesamtlänge von mehr als 30 km.
Ein junges und gesundes Rhizom eines Bambus aus der Gruppe der *Phyllostachys* ist gelblich glänzend, manchmal auch elfenbeinfarben und erreicht auch bei uns Daumenstärke. Je nach Sorte und den örtlichen Bedingungen kann der Durchmesser aber auch 3–4 cm betragen. Es kommt vor, dass einzelne Rhizome an der Oberfläche erscheinen, um kurz darauf wieder bogenförmig in die Erde abzutauchen. In dem Teil, der ans Tageslicht kommt, wird das Rhizom grün. Wer in einem Bambushain spazieren geht und an den eindrucksvollen Halmen emporschaut, kann folglich leicht mit seinem Fuß in einer solchen Rhizomschlaufe hängen bleiben und stolpern.
Der Ausdehnungsdrang hainbildender Bambusse hat schon zu bösen Überraschungen und in vielen Fällen sogar zu Rechtsstreitigkeiten mit den Nachbarn geführt. Um dieses zu vermeiden, bedient man sich bei der Pflanzung einer Rhizomsperre (siehe Seite 77).

Aufbau der Pflanze

Wurzeln und Rhizome

Als Rhizome bezeichnen wir die unterirdischen Triebe des Bambus. Damit sind nicht seine Wurzeln gemeint; diese sind ihrerseits kreisförmig um das Rhizom angeordnet.
Rhizome sind in ihrem Aufbau ähnlich wie die oberirdischen Halme. Sie verlaufen jedoch horizontal unter der Erdoberfläche, in der Regel in einer Tiefe zwischen 10 und 40 cm. Genau wie am oberirdischen Halm findet sich auch beim Rhizom nach dem Knoten eine Vertiefung, der so genannte **Sulcus.** Bei den Rhizomen sind die Knotenabstände sehr eng, manchmal betragen sie nur wenige Zentimeter. Rhizome sind meist fingerstark und dickwandig. Betrachten wir ein Rhizom im Querschnitt, sehen wir winzige Kreise. Das sind die Leitungsbahnen. Elektronische Aufnahmen in entsprechender Vergrößerung zeigen ein schönes Muster. Ein sehr ähnliches Bild

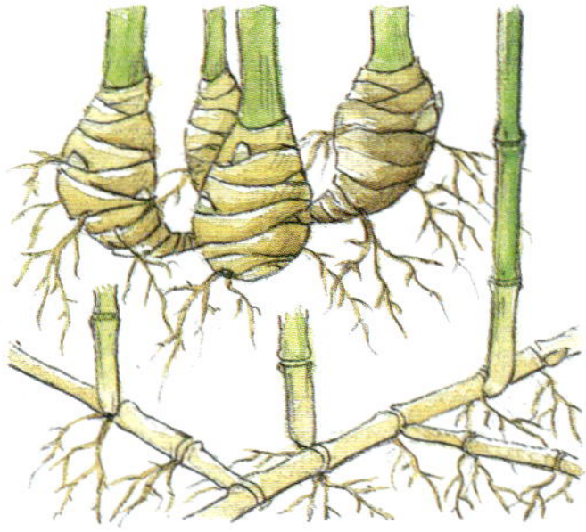

Schematische Darstellung des Rhizoms horstbildender (oben) und hainbildender Bambusse (unten).

An den Wurzelnodien des Rhizoms sitzen die Sprossanlagen und die Wurzeln, über die die Nährstoffaufnahme erfolgt.

erhalten wir, wenn wir einen Halm im Querschnitt vor uns haben.
Bambus-Rhizome sind äußerst fest und nahezu vollständig ausgefüllt. In ihrem Inneren verläuft aber dennoch ein kleiner Luftkanal. Ihr Sulcus ist jeweils wechselseitig angeordnet, so wie wir es auch vom Halm her kennen.
Rhizome sind die Vorratskammern des Bambus. In ihnen werden die wichtigen Assimilate und Nährstoffe gelagert. Die Einlagerung erfolgt verstärkt im Spätsommer. Zu diesem Zeitpunkt muss alles herangeschafft und gespeichert werden, um später für den kraftvollen Neuaustrieb im zeitigen Frühjahr verfügbar zu sein.
An den jeweiligen Knoten sitzen die Knospen (Augen). Aus einer solchen Knospe entsteht entweder ein neues Rhizom, oder es wächst daraus ein Halm nach oben.
Rhizome bilden ein regelrechtes unterirdisches Netzwerk. Ihre Verbindungsstellen und Übergangsstellen zu anderen Rhizomen sind eng, wie eine Wespentaille. Diese Verflechtung trägt in starkem Maß zur Standfestigkeit der Halme bei. Man nutzt diese Tatsache häufig bei der Hang- oder der Uferbefestigung.

Sprosse kommen ans Tageslicht. Viele Arten zeigen eine individuelle Zeichnung und Färbung.

Es kommt vor, dass ein Rhizom an der Oberfläche erscheint, besonders wenn eine Pflanze an einem Hang steht, in diesem Teil grün wird und kurz danach wieder bogenförmig abtaucht. Zeitweise können sich aus Rhizomen auch dünntriebige Halme mit Zweigen und Blätter entwickeln, die jedoch nie den Durchmesser und die Höhe eines echten Halmes erreichen. In der gärtnerischen Praxis wird man sie abschneiden.

Im vorderen Teil des Rhizoms, kurz hinter der nadelförmig ausgebildeten Spitze, befindet sich der Vegetationspunkt, der Ort der Zellteilung und des Wachstums. Ähnlich wie die Halmscheideblätter den frischen Halm schützen, umgeben schützende Hüllblätter die Rhizomspitze.
Rhizome von horstbildenden Bambussen sind kurz und bauchig, sie haben keinerlei Ähnlichkeit mit den lang gestreckten Rhizomen von *Phyllostachys.*

Der Spross

Die Knospen, die sich am Rhizom befinden, entwickeln sich entweder zu einem neuen Rhizom oder zu einem Spross, der später als Halm an der Oberfläche erscheint. Die Verbindung zum Rhizom erfolgt über einen dünnen Stiel, durch den die

Bei den tropischen Bambussen handelt es sich zumeist um horstbildende Arten. Während die Rhizome der *Phyllostachys* immer unter der Erde bleiben, schieben sich die dickbauchigen Rhizome der tropischen Arten mit der Zeit wie Berge nach oben. Ein solcher Bambusbestand ist regelrecht aufgewölbt.

gesamte Nährstoff- und Wasserversorgung des künftigen Halmes erfolgt. Es sind die sehr jungen Sprosse, die man als frisches Gemüse erntet. Da sie meist in großer Zahl auftauchen, schadet man der Pflanze nicht, wenn man eine gewisse Menge erntet.

Der Halm

Ursprünglich handelt es sich dabei um ein Auge am unterirdischen Rhizom. Manche Augen entwickeln sich zu weiteren Rhizomen und erblicken so nie das Tageslicht, andere aber schwellen an, werden zum Spross, aus dem sich später der Halm bildet, und wachsen senkrecht nach oben. Die Verbindung zum Rhizom ist so eng wie eine Wespentaille. Durch sie werden die Nährstoffe durchgeschleust.

Mit Kraft an die Oberfläche

Erstaunlich ist die Tatsache, dass ein Bambushalm in seiner endgültigen Stärke aus dem Erdreich kommt, durchaus mit dem Durchmesser eines Ofenrohres. Ein nachträgliches Dickenwachstum, wie wir es von den Bäumen kennen, gibt es bei den Bambushalmen nicht.
Beim Durchstoßen des Bambushalmes durch trockenen, krustigen Boden hilft sich die Pflanze auf wundersame Art; sie befeuchtet ihre Umgebung. Die oberen Halmscheidenblätter sondern Wassertropfen, so genannte Guttationstropfen ab, die direkt am Halm zu Boden gehen. Solcherart »geschmiert«, wird das Erdreich geschmeidig, die Reibung wird verringert und Verletzungen werden vermieden. Weil der aufkommende Spross weich und verletzlich ist, trägt er eine Ummantelung aus **Scheidenblättern.** Diese sind unterschiedlich geformt – rundlich am Ansatz, an ihrem Ende in eine gebogene Spitze zulaufend – und für den Botaniker eine Hilfe zur Bestimmung von Art und Sorte. Die Scheidenblätter sind, obwohl nur von kurzer Lebensdauer, von erstaunlicher Schönheit, mitunter gefleckt oder wie Tigerfell gezeichnet. An ihrer Oberfläche befindet sich eine Vielzahl winziger Härchen. Die Innenseite der Scheidenblätter ist häufig matt und ockerfarben. Bei *Semiarundinaria fastuosa*

Alles andere als gleich – Bambushalme bestechen mit unterschiedlicher Farbe und Form. Immer wieder anders, immer wieder neu.

ist das Innere der Scheidenblätter besonders dekorativ, es schillert wie Perlmutt. Sobald der Spross eine gewisse Eigenfestigkeit erlangt hat, werden die Scheidenblätter abgestoßen.

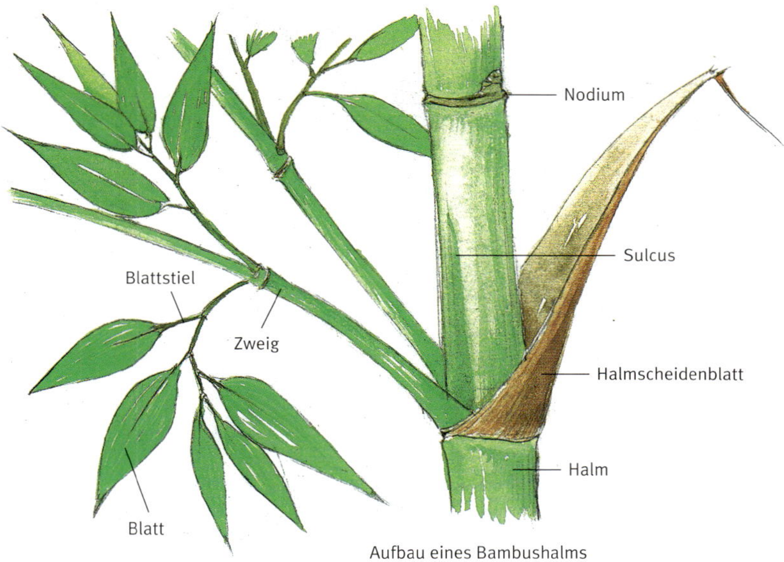

Aufbau eines Bambushalms

Ein Gras, das in den Himmel wächst

Das sagenhafte Wachstum eines neuen Halmes ist wohl die am meisten bewunderte Eigenschaft des Bambus. Bei den dickhalmigen Sorten kann man selbst in unseren Breiten innerhalb eines einzigen Tages Zuwächse von bis zu 40 cm feststellen. Bei *Phyllostachys pubescens* wurden an günstigen Standorten wie im Tessin oder an der ligurischen Küste bis 70 cm gemessen. Bambuspflanzen können, freilich nur südlich der Alpen, eine Höhe von 20 m erreichen, und zwar innerhalb eines Monats. Der Halmdurchmesser, der an der Basis gemessen wird, beträgt bei einem solchen Riesenhalm 13 cm. Es dauert etwa einen weiteren Monat, bis sich die Zweige und Blätter entfaltet haben. In den darauf folgenden Jahren findet kein weiteres Höhen- oder Dickenwachstum mehr statt. Allenfalls wird die Belaubung dichter. Ein Halm hat eine Lebensdauer von sechs bis acht Jahren.

Es wäre nahe liegend, das, was sich dem staunenden Auge bietet, als Stamm zu bezeichnen. Aber das ist falsch, denn der Bambus zählt zur Familie der Gräser, und demzufolge haben wir es immer mit Halmen und nicht mit Stämmen zu tun.
Die Halme sind, von wenigen Ausnahmen abgesehen, innen hohl und werden in regelmäßigen Abständen durch Nodien (Knoten) unterbrochen, die zur Versteifung dienen. Die **Wandstärke der Halme** kann von Sorte zu Sorte sehr stark differieren. Davon hängt auch die Güte und die spätere Verwertbarkeit eines Halmes ab. In Japan wird *Phyllostachys bambusoides,* der »Holz-Bambus«, wegen seiner Dickwandigkeit besonders geschätzt.
Häufig sind die Abstände zwischen den Knoten in Bodennähe geringer; doch ab etwa 1 m über dem Boden bleibt ihre Entfernung voneinander gleich.
Oft bildet sich über dem Zweigansatz eine Längsrinne, die **Sulcus** genannt wird und manchmal eine dekorative abweichende Färbung besitzt. Auch die Halme sind, je nach Art, verschieden gefärbt, mal mit, mal ohne Streifen oder Flecken.
Ihre Oberfläche kann sich rau oder glatt anfühlen. Auch in der

Halmgestalt unterscheiden sich die Arten erheblich. Die Spanne reicht von zentimeterkurz bis viele Meter lang und von rutendünn bis baumdick.
Bei einigen Arten und Sorten wundern wir uns über den **Zickzackwuchs.** Bei *Phyllostachys aureosulcata, Phyllostachys aureosulcata* f. *spectabilis* und *Phyllostachys aureosulcata* 'Aureocaulis' sind es wichtige Erkennungsmerkmale.

Der Aufbau des Bambus. Deutlich hebt sich der gelbe Sulcus vom Grün des Halms ab.

Die **Zellstruktur** ist anders als beim Laubholz, wo die Faserlänge nur 1 mm misst: Beim Bambus beträgt sie 2 bis 3 mm. Der deutliche Längsverlauf der Zellen bewirkt, dass sich ein Halm leicht in Längsrichtung spalten lässt. Wer einen Bambus indes quer trennen möchte, muss die Säge zu Hilfe nehmen. Die Fasern der Bambusse bestehen wie beim Holz aus Zellulose, Hemizellulose und Lignin. Der Außenwand sind oft Siliziumdioxide aufgelagert. So kommt es, dass beim Sägen von Bambushalmen manchmal regelrecht Funken sprühen.

Die Zweige

Sie sind für Botaniker ein weiteres Hilfsmittel zur Bestimmung der Arten und Sorten. Dazu eignen sich am besten die Zweige aus dem mittleren Bereich des Halmes. Im unteren Teil, aber auch in der äußersten Spitze sind sie oft untypisch. Die Zweige sind anfänglich in die Rinne oberhalb des Knotens eingebettet und werden dort von den Halmscheidenblättern geschützt. Ihre Aufgabe ist es, die Blätter zu tragen. Blickt man von oben auf einen Bambushalm, erkennt man ihre wechselseitige Anordnung. Diese gewährleistet, dass sich die Blätter nach dem Sonnenlicht ausrichten können.
Während ein Halm seine Gestalt im ersten Jahr erreicht und dann nicht mehr verändert, werden die Zweige in den folgenden Jahren meist dichter. Sie verästeln sich und bilden zusätzliches Blattwerk. Zweige treiben in jedem Jahr neue Blätter, solange der Halm lebt. Bei den *Phyllostachys* zeigen sich zwei Zweige pro Halmknoten, wobei es sich immer um einen stärkeren und um einen weniger stark ausgebildeten Zweig handelt. Manchmal ist der kleinere von beiden nur halb so stark.
Mitunter entfalten sich die Zweige sofort am sich entwickelnden Halm, bei anderen Gattungen wachsen sie erst, wenn der Halm seine Endhöhe erreicht hat.
Je nach Art unterscheidet sich auch die Anzahl der Zweige pro Knoten. Bei den Gattungen *Semiarundinaria, Chimonobambusa* und *Pleioblastus* befinden sich jeweils drei Zweige am Nodium. Bei den Fargesien bilden viele dünne Zweige ein regelrechtes Büschel. Und bei den in Mittel- und in Südamerika beheimateten Chusqueen sind die Zweige kranzartig rings um das ganze Nodium angeordnet.

Die Blätter

Bambusblätter sind in der Regel länglich-lanzettlich, längsadrig, am Blattstiel abgerundet und spitz zulaufend. Der Blattstiel ist für Gräser eine Besonderheit: Er erlaubt es den Blättern, dem Lauf der Sonne zu folgen und sich bei Bedarf von der Seite her einzurollen, um so bei Trockenheit oder bei starkem Frost die Verdunstung zu begrenzen. Eingerollte Blätter sind somit ein sicheres Zeichen dafür, dass Ihr Bambus Durst hat.
Bambusblätter faszinieren in vielerlei Hinsicht: durch ihre von Art zu Art unterschiedliche Form und Farbe, aber auch durch ihr Rauschen, wenn sie ein leichter Wind in Schwingung versetzt.

Die Palette der Bambusblätter ist groß und zeigt die Unterschiede in Farbe, Form und Größe. Hier eine kleine Auswahl.

Die Blätter des Bambus sind seine Lunge. In ihnen findet mit Hilfe des Sonnenlichtes die Umwandlung gelöster Nährstoffe in Traubenzucker und Stärke statt. Aus dem Traubenzucker bildet der Bambus alle weiteren Komponenten pflanzlicher Baustoffe wie Zellulose und Lignin. Diesen Prozess nennt man Photosynthese.
Die Blattoberfläche ist hart und rau, denn dort ist, wie an vielen Stellen im Bambus, Silizium eingelagert.

Die Blätter können zwar in ihrer Größe sehr unterschiedlich sein, doch ihre Form ist immer lanzettlich. Sie stellen sich, wie bei anderen Pflanzen auch, zum Licht.

Ganzjährig grün

Bambusse zählen zu den immergrünen Pflanzen. Sie sind, besonders die hochwüchsigen Arten und Sorten, ganzjährig grün, wechseln aber dennoch ständig einen Teil ihrer Blätter. Es werden in ständigem Rhythmus neue Blätter gebildet, solche, die älter sind als drei Jahre, werden abgestoßen. Einen verstärkten Blattfall beobachten wir besonders zum Zeitpunkt des Neuaustriebes der Halme.

Herabgefallene Blätter nicht entfernen, sondern am Fuß der Pflanze liegen lassen. Dort verrotten sie und stehen dem Bambus wieder als Humus zur Verfügung.

Eingewachsenes Beet von *Sasa kurilensis.* Das dichte Blattwerk hält andere Vegetation (»Unkraut«) zuverlässig fern.

Dann kann es kurzzeitig sogar zu einer regelrechten Mauser kommen. Bambusse, die zu blühen beginnen, stellen die Neubildung ihrer Blätter ein, ihr Grün wird zu strohigem Gelb. Bambusse haben **viel Grünmasse** und sind dadurch gute Sauerstoffproduzenten. Und sie filtern Schmutz aus der Luft. In Gebieten mit starker Umweltbelastung ist dieser deutlich auf den Blättern sichtbar.

Die Bezeichnung *Phyllostachys* kommt aus dem Griechischen: *Phyllos* heißt das Blatt, *stachys* der Speer.

Der aufmerksame Beobachter wird mitunter feststellen können, dass trotz Windstille sich ein Blatt aufgeregt hin und her bewegt, ihn regelrecht begrüßt. Die Blattoberseite ist in der Regel dunkelgrün, auf der Unterseite eher silbrig grün und von winzigen Härchen überzogen. Wenn sich nach einem Regenschauer die Sonne zeigt, blitzen Bambusblätter wie tausend kleine Spiegel.
Die niederen, bodendeckenden Bambusse verlieren ihr Grün über den Winter und werden strohig. Zu Beginn der neuen Vegetation schneidet man deshalb die Triebe ab, manchmal sogar bis eine Handbreit über dem Boden; bald darauf wird sich der Neuaustrieb einstellen. Bambusblätter sind sehr unterschiedlich in Größe, Form und ihrer Färbung. Manchmal sind die Blättchen winzig – bei *Pleioblastus pygmaeus* gerade einmal 2 cm lang und weniger als 1 cm breit. Mitunter können sie aber auch, wie bei *Indocalamus tessellatus,* 40 cm Länge und 12 cm Breite erreichen. Bei den gängigen winterharten Bambussen variieren sie zwischen 3 cm und 50 cm in der Länge, die Breite schwankt zwischen 1 cm und 12 cm. In den Nebelzonen der Anden wächst *Neurolepis elata* mit Blättern von 2 m Länge.

Die Bambusblüte

In der Pflanzenwelt ist es normal, dass sich der Mensch auf die Blüte freut. Nicht so beim Bambus. Hier ist die Blüte keine gute Nachricht.
Die Bambusblüte ist nach wie vor ein Mysterium und gibt den Wissenschaftlern Rätsel auf. Doch nicht immer bedeutet die Blüte den Tod der Pflanze. Untersuchungen wurden angestellt, um Rückschlüsse zu ziehen und gegebenenfalls zu beweisen, dass das Alter eines

Die ***Fargesia*-Blüte** war Mitte der 1990er-Jahre eine botanische Sensation, die große Aufmerksamkeit fand. Fast zur gleichen Zeit und überall auf der Welt blühte die Art *Fargesia murielieae*. Danach waren die Pflanzen erschöpft und starben ab. Das war bitter für viele Gartenbesitzer. Gottlob gibt es nicht nur andere Bambusarten als Alternative: Inzwischen wurden aus der Saat neue Sorten von *Fargesia* gezüchtet, die nicht so bald wieder blühen werden.

Bestandes, die Bodenbeschaffenheit oder die Witterungseinflüsse für die Blüte verantwortlich seien. Zu einem schlüssigen Ergebnis kam man bisher nicht. Die Frage, wodurch die Blüte letztlich ausgelöst wird, warum bestimmte Arten plötzlich und an ganz verschiedenen Orten der Erde nach 10, 20 oder erst nach 100 Jahren gleichzeitig zu blühen beginnen, ist immer noch ein Geheimnis.
Manche Arten erschöpft diese Leistung so sehr, dass sie absterben. Die massive Blüte und das Absterben von *Fargesia denudata,* dem wichtigsten Bambus im Wolong-Gebiet, der Heimat des Großen Pandabären, hat vor Jahren weltweit großes Aufsehen erregt. Wildhüter hatten 140 Kadaver der so beliebten, akut vom Aussterben bedrohten Tiere gefunden. Sie waren verhungert.
Das Phänomen der Bambusblüte war, nach 100 Jahren Blühpause, auch bei uns zu beobachten, als *Fargesia murieliae* massenweise eingingen. Doch zuvor sorgten sie für reichlich Nachkommen, d.h. große Mengen Saatgut. Natürlich stellt sich die Frage, ob auch andere Bambusgattungen wie beispielsweise *Phyllostachys* nach der Blüte eingehen. *Phyllostachys pubescens* ist der in China am weitesten verbreitete und genutzte Bambus und macht etwa 80 % der gesamten Anbaufläche aus. Die Wälder in der Provinz Zhejiang erstrecken sich über viele Quadratkilometer. Immer wieder kommt es dort an verschiedenen Stellen zur Blüte eines kleinen Bestandes, ohne dass sich diese weiträumig ausbreiten würde. Somit wäre die These widerlegt, dass alle Bambusse gleichzeitig blühen und dann absterben. Sollte dies in China tatsächlich einmal geschehen, käme es allerdings einer nationalen Katastrophe gleich.
Vor einigen Jahren konnten wir an vielen Orten Europas die

Optisch eigentlich eher unscheinbar, findet die Bambusblüte wegen ihrer Auswirkungen in letzter Zeit viel Beachtung.

Blüte bei *Phyllostachys flexuosa* beobachten. Sie brachten ebenfalls Samen hervor, doch die Mutterpflanzen starben nicht, sondern überlebten und erholten sich wieder. Bei *Pseudosasa* verlief es ebenso. Ein kräftiger Rückschnitt und gezielte Düngung trugen dazu bei, dass die Pflanzen überlebten.

auf einen blick

- Bambus ist ein Gras. Seine Halme schießen in wenigen Wochen in den Himmel. Die Blätter kommen später.
- Bambus ist im Winter besonders attraktiv. Sein immergrünes Laub und seine schwingenden Bewegungen lassen den Frühling ahnen.

Die schönsten Bambusse im Porträt

Nicht allein nach Schönheit sind die Bamusse hier ausgewählt. Ein Bambus für den mitteleuropäischen Garten muss auch robust und winterhart sein. Sonst gibt es nur Enttäuschungen. Die aufgelisteten Eigenschaften sind Wegweiser zu dem für Sie geeigneten Bambus.

Bambusa

Bambusse der Gattung *Bambusa* sind ausgepflanzt für die Gärten unserer gemäßigten Breiten nicht geeignet. Es handelt sich dabei um Pflanzen tropischer Regionen. Wir finden einige Vertreter aus dieser Gruppe jedoch in den Gewächshäusern verschiedener botanischer Gärten in Deutschland. Die bekanntesten Beispiele dafür sind Berlin-Dahlem, der Palmengarten Frankfurt und der Botanische Garten der Universität Tübingen. Obwohl deren Tropenhäuser besonders hoch sind, 15 m ist üblich, schaffen es diese Bambusse doch immer wieder, die Glasscheiben im First anzuheben. Einige weniger hoch werdende *Bambusa*-Arten kommen bei uns immerhin als Kübelpflanzen in Frage.

◀ Die horstbildenden Fargesien wachsen zu üppigen, dichten Solitärpflanzen heran.

Bambusa multiplex 'Alphonse Karr'

Diese Sorte ist besonders beliebt wegen ihrer bunten Halme. Die Farbe ist gelborange mit grünen und roten Streifen. Die Halme können mehr als daumenstark werden. Am schönsten wirkt dieser Bambus ausgepflanzt. An der Mittelmeerküste gibt es viele Orte, wo er gut gedeiht. Er kann Frost vertragen, aber dies nur für kurze Zeit und dann nicht unter –6 °C. Wer ihn bei uns im Kübel halten möchte, muss davon ausgehen, dass die Pflanze nicht warm, sondern am besten in einem Kalthaus mit einer Temperatur um +5 °C überwintert. Nach den Eisheiligen wird man diesen Bambus an einen halbschattigen Platz auf die Terrasse stellen. Während seines Aufenthaltes auf der Terrasse soll man ihn mindesten 2-mal düngen. Vor den ersten Frösten wieder hereinnehmen.

Wuchshöhe: 2-4 m
Winterhärte: Bis –6 °C

Bambusa multiplex 'Alphonse Karr'

Rhizomtyp: Horstig.
Standort: Sonnig bis halbschattig, geschützt.
Wuchs: Dichtbuschig.
Halm: Gelb, dekorative Zeichnung.
Blatt: Dunkel olivgrün, 1–2 cm breit, 12–18 cm lang.
Verwendung: Solitär, Pflanzgefäß, kühler Wintergarten.
Tipp: Subtropischer Bambus. Der gelbe Halm hat einen feinen grünen Streifen.

Chimonobambusa marmorea

Bambusa ventricosa

Diesen Bambus aus tropischen Regionen erkennen wir an seinen dicht übereinander liegenden ringförmigen Ausstülpungen. Er wird auch als **»Buddhabauch-Bambus«** in den Handel gebracht, mitunter auch mit der Sortenbezeichnung *B. ventricosa* 'Wamin'. Er verträgt keinerlei Frost. Wer etwas Geschick hat, kann sich einen solchen Bambus als Kübelpflanze halten. Man wird immer wieder die Beobachtung machen, dass dieser Bambus im frühen Herbst, wenn man ihn ins Haus bringt, sehr viele Blätter verliert. Während der Umstellung von draußen nach drinnen ist dies unvermeidlich. Um den Prozess der Blattneubildung zu beschleunigen, hat sich der »Tütentrick« bewährt: Man stülpt eine Plastiktüte über die Pflanze. Diese sorgt für nahezu tropische Bedingungen, was die Blattneubildung anregt. Viele Bambusfreunde wundern sich, dass der Buddhabauch-Bambus zwar bauchige Halme mitbringt, aber alle späteren Halme normal ausgebildet. Weshalb das so ist, kann niemand genau sagen. Vielleicht hängt es mit der Tageslichtlänge zusammen.

Bambusa ventricosa

Wuchshöhe: 1–3 m
Winterhärte: Bis 0 °C
Rhizomtyp: Horstig.
Standort: Sonnig bis halbschattig, geschützt.
Wuchs: Dichtbuschig.
Halm: Grün, besondere Form.
Verwendung: Solitär, Kübelpflanze, kühler Wintergarten.
Tipp: Der bauchigen Internodien wegen auch als »Buddhabauch-Bambus« im Handel.

Chimonobambusa marmorea

Ein dichtbuschiger, Ausläufer bildender Bambus. An ihm ist besonders auffallend, dass der eigentliche Trieb erst zum Herbst erfolgt. Seine bleistiftstarken Triebe stehen dann wie Spieße aufrecht. Die Verzweigung und die vollständige Belaubung zeigen sich häufig erst im darauf folgenden Jahr. Das Schönste an diesem Bambus, was sich auch in seinem Namen niedergeschlagen hat, sind seine Halmscheidenblättchen. Beim genauen Hinschauen wird man eine

Fleckung oder Maserung sehen, ähnlich der, wie wir sie vom Marmor kennen. Die Frosthärte dieses schönen Bambus ist mäßig.
Wuchshöhe: 1–2 m
Winterhärte: Bis –14 °C
Rhizomtyp: Ausläufer bildend.
Standort: Sonnig bis halbschattig, geschützt.
Wuchs: Dichtbuschig, bis zum Boden belaubt.
Halm: Braunrot, dekorative Zeichnung.
Blatt: Zierlich.
Verwendung: Solitär, Sichtschutz/Hecke, Pflanzgefäß, kühler Wintergarten, flächige Pflanzung, Formschnitt/Topiary.
Tipp: Wertvoller Bambus, dessen gefällige Wuchsform besonders in Pflanzgefäßen zur Geltung kommt. Die Gattung *Chimonobambusa* ist in Zentral- und in Südchina beheimatet und findet sich westlich bis Tibet. Wir finden sie auch in Japan, in Honshu und südlich davon. Nur wenige Arten haben für uns Europäer Bedeutung.

Chimonobambusa quadrangularis
Syn.: *Tetragonocalamus quadrangularis*

Diesen wenig frostharten Bambus findet man in China und Japan an heiligen Stätten. Seine dunkelgrüne, überhängende Belaubung wirkt aus der Ferne wie das Federkleid eines Marabu. Ungewohnt und sehr selten in der Pflanzenwelt ist der silbrig grüne, nahezu quadratische Halm. Rings um den Knoten fühlen wir kleine spitze Ansätze, wie winzige Krallen.
Wuchshöhe: 2–3 m
Winterhärte: Bis –10 °C
Rhizomtyp: Ausläufer bildend.
Standort: Sonnig bis halbschattig, geschützt.
Wuchs: Dichtbuschig, bis zum Boden belaubt, aufrecht.
Halm: Mattgrün, ältere Halme auch braungrün; besondere Form.
Blatt: Jeweils 3–5 Blätter stehen in Büscheln beisammen. Oberseite dunkelgrün glänzend, Unterseite matt, fein behaart, 10–20 cm lang, 1–2 cm breit.
Verwendung: Für unsere Gärten wegen der mangelnden Frosthärte kaum geeignet. Im Tessin oder an der Mittelmeerküste wird er sich wohl fühlen. Solitär, Hain, als Kübelpflanze für den kühlen Wintergarten geeignet.
Tipp: Eignet sich gut für Formschnitt.

Chimonobambusa quadrangularis

Chusquea culeou

Chusquea culeou

Die Chusqueen sind eine sehr umfangreiche Gattung und in Mittel- und in Südamerika beheimatet, viele in den Nebelregionen der Anden. Scheinbar gibt es in Südamerika Chusqueen mit einem 25-jährigen Blührhythmus. Wenn man dort ausdrücken möchte, dass ein Mann 50 Jahre alt ist, sagt man, er ist zwei Bambusblüten alt.

Chusquea culeou ist bei uns nur wenig verbreitet. Die Winterhärte ist im Vergleich zu anderen Chusqueen recht gut. Im Botanischen Garten in Hamburg gab es eine ganze Allee von *Chusquea culeou,* bis es vor Jahren zur Blüte kam. Danach starben sie ab. Die Nachzucht dieser Bambusart, die sich in Chile und Argentinien zu undurchdringlichen Dickichten entwickelt, ist äußerst schwierig.

Wuchshöhe: 2–4 m
Winterhärte: Bis –12 °C
Rhizomtyp: Ausläufer bildend.
Standort: Sonnig bis halbschattig oder schattig, geschützt.
Wuchs: Dichtbuschig.
Halm: Hellgrün, die ockerfarbenene Scheidenblätter verdecken nahezu den ganzen Halm.
Blatt: Klein, dunkelgrün, lanzettlich.
Verwendung: Solitär, Kübelpflanze, kühler Wintergarten.
Tipp: Südamerikanischer Bambus mit zarter, filigraner Belaubung; hat Liebhaberwert.

Für *Fargesia murieliae* wird fälschlich immer noch die Schreibweise *F. murielae* verwendet.

Fargesia

Hier haben wir es mit einer sehr umfangreichen Gattung zu tun. Gemeint sind horstbildende Bambusse aus den schneereichen Bergregionen (Himalaya) des westlichen China. Weil sie dort strengen Frösten ausgesetzt sind, haben sie für uns besondere Bedeutung. Im Unterschied zur Überwinterung in ihrer Heimat müssen Fargesien in Mitteleuropa jedoch oft Kahlfröste überdauern.

Früher waren Fargesien unter den Bezeichnungen ***Sinarundinaria*** oder ***Thamnocalamus*** bekannt. Fargesien erfreuen sich großer Beliebtheit, weil sie horstbildend sind und keiner Rhizomsperre bedürfen. Sie sind bis unten buschig. Über den Winter rollen sich häufig ihre Blätter, und sie verlieren teilweise ihr frisches Grün. Fargesien haben mit ihrer Blüte Mitte der 1990er-Jahre großes Aufsehen erregt.

Fargesia murieliae 'Deep Forest'

Schon vor der großen Bambusblüte im Jahr 1995 waren in jahrelanger Arbeit Sämlingspflanzen von *Fargesia murieliae*

beobachtet und selektiert worden. Das geschah mit Pflanzen, die 1989 aus Dänemark eingeführt worden waren. Das Hauptaugenmerk des Züchters galt der Winterhärte. Diese Sorten sind jetzt beim Bundessortenamt in Hannover angemeldet. Dies bedeutet, dass Nachbau und Vermehrung nicht erlaubt sind. *Fargesia murieliae* 'Deep Forest' ist eine der wichtigsten eingetragenen Sorten.
Dieser Bambus kommt der früheren *Fargesia murieliae* am nächsten. Er hat rötliche Triebspitzen. In günstigen Lagen kann er nach Jahren eine Wuchshöhe von 4 m erreichen. Er bekommt sehr zeitig im Frühjahr wieder eine frischgrüne Farbe.
Wuchshöhe: 3–4 m
Winterhärte: Bis –24 °C
Rhizomtyp: Horstig.
Standort: Sonnig bis halbschattig.
Wuchs: Dichtbuschig.
Halm: Grün, Spitzen rötlich.
Blatt: Größer als das der anderen neuen Sorten.
Verwendung: Solitär, Sichtschutz/Hecke, Kübelpflanze.
Beschreibung: Rötliche Triebspitzen, der alten *F. murieliae* ähnlich, treibt zeitig frisches Laub.
Tipp: Wächst auch auf schlechteren Böden.

Fargesia murieliae 'Jumbo'

Diese Bambussorte stammt aus Dänemark. Dort kam es zu Anfang der 1970er-Jahre zu einer Blüte. Man nimmt an, dass sie durch Streusalz ausgelöst wurde; das Gelände des Gärt-

Wenn *Fargesia murieliae* als Kübelpflanze verwendet wird, muss das Pflanzgefäß ein der Größe der Pflanze entsprechendes Volumen haben. Auch die Wasserversorgung und eine angemessene Düngung müssen bedacht werden.

Fargesia murieliae

ners Thyme befand sich neben einer Straße. Zu diesem Zeitpunkt war die Bambusblüte in Deutschland noch kein Thema; *Fargesia murieliae* erfreuten sich hier noch bester Gesundheit. Es war das Bestreben von Herrn Thyme, widerstandsfähige Sämlinge herauszufinden, die von der Mutter *(Fargesia murieliae)* abwichen. Nach mehrjährigen Versuchen und Beobachtungen fand er einen stark wachsenden Sämlingstyp. Er gab ihm die Sortenbezeichnung 'Jumbo' und vermehrte ihn in großer Zahl. Diese Pflanzen kamen anschließend nach Holland und nach Deutschland.
Wuchshöhe: 3–4 m
Winterhärte: Bis –24 °C
Rhizomtyp: Horstig.
Standort: Sonnig bis halbschattig oder schattig.
Wuchs: Dichtbuschig.
Halm: Grün.
Verwendung: Solitär, Sichtschutz/Hecke, Pflanzgefäß.
Tipp: Bildet große Horste mit grünen, überhängenden Halmen.

Fargesia murieliae 'Simba'

Diese Sorte geht gleichfalls auf die Blüte in Dänemark zurück. Hier war man bei der Selektion jedoch anders vorgegangen. Man suchte nach einer Sorte, die wesentlich schwachwüchsiger als die Mutter *(Fargesia murieliae)* war. So kam man auf 'Simba', die kleinwüchsige Verwandte von 'Jumbo'. Bei seinen vielen Sämlingen fiel Herrn Thyme auf, dass es große Unterschiede in der Ausfärbung gibt, insbesondere wenn es um die Grünfärbung in den Wintermonaten geht. Hier schnitt 'Simba' gut ab. Vor allem in Süddeutschland und in anderen Gebieten mit starker Sonneneinstrahlung fühlt sich *Fargesia murieliae* 'Simba' im Halbschatten am wohlsten. Durch das frische, freundliche Grün ein empfehlenswerter Bambus, besonders dann, wenn wenig Platz zur Verfügung steht.
Wuchshöhe: 1,5–2 m
Winterhärte: Bis –24 °C
Rhizomtyp: Horstig; die Pflanze vergrößert ihren Durchmesser, aber sie wird immer beisammenbleiben.
Standort: Halbschattig bis schattig.
Wuchs: Dichtbuschig.
Halm: Grün.
Verwendung: Solitär, Sichtschutz/Hecke, Kübelpflanze.
Tipp: Eher für schattige Lagen. Blätter heller im Grün, rollen im Winter ein.

Fargesia murieliae 'Standing Stone'

Eine weitere beim Bundessortenamt in Hannover angemeldete und geschützte Sorte. Die Vermehrung ist nicht erlaubt. 'Standing Stone' hat grüne Triebspitzen, ähnlich wie 'Jumbo', wächst jedoch noch stärker als diese. Sie hat einen aufrechten, stabilen Wuchs. Im Alter wächst sie zu wuchtigen Exemplaren heran. Die großen Blätter bekommen im Sommer einen leicht silbrig-granitfarbenen Hauch. 'Standing Stone' ist gut sonnenverträglich und rollt nicht so schnell ihre Blätter, kann deshalb nach einem harten Winter aber etwas mehr Blattschäden davontragen als 'Jumbo'. Im Alter kann sie schirmförmig überhängen.
Wuchshöhe: 3–4 m
Winterhärte: Bis –24 °C
Rhizomtyp: Horstig.
Standort: Sonnig bis halbschattig.
Wuchs: Dichtbuschig, aufrecht.
Halm: Mattgrün.
Verwendung: Solitär, Sichtschutz/Hecke, Kübelpflanze.
Tipp: Wuchtiger Wuchs. Größere, leicht silbrige Blätter, die im Winter kaum einrollen und diesen Bambus deshalb besonders ansehnlich machen.

Fargesien bestechen durch ihren lockeren, überhängenden Wuchs.

Fargesia murieliae 'Green Arrows'

'Green Arrows' ist ebenfalls eine beim Bundessortenamt angemeldete Sorte. Die Vermehrung ist nicht erlaubt. 'Green Arrows' hat viel Ähnlichkeit mit der ursprünglichen *Fargesia murieliae.* Sie ist robust und sehr wüchsig. Sie bildet lange Triebe, die wie Pfeile in der Pflanze stehen, und hat sich auch in Bayern bewährt. In Regionen mit starker Sonneneinstrahlung ist es von Vorteil, wenn sie ein paar Stunden am Tag etwas Halbschatten hat.

Wuchshöhe: 3–4 m
Winterhärte: Bis –24 °C
Rhizomtyp: Horstig.
Standort: Sonnig bis halbschattig.
Wuchs: Aufrecht, später überhängend.
Halm: Straff aufrecht.
Verwendung: Als Hecke und zur Einzelstellung.

Fargesia robusta

Dieser Bambus ist in den Bergregionen des westlichen China beheimatet, überwiegend in Höhen zwischen 1200 und 2500 m, und überrascht durch seine Wuchsfreudigkeit. Er verträgt gut Sonne, gedeiht aber auch im Halbschatten. Seine Halmscheidenblättchen bedecken die Hälfte des Internodiums. Seine Winterhärte ist gut, aber doch geringer als bei den neuen geschützten *Fargesia-murieliae*-Sorten.

Wuchshöhe: 2–3 m
Winterhärte: Bis –18 °C
Rhizomtyp: Horstig.
Standort: Sonnig bis halbschattig oder schattig.
Wuchs: Dichtbuschig, bis zum Boden belaubt, aufrecht.
Halm: Grün.
Blatt: Glänzend grün, die Blattgröße kann sehr unterschiedlich sein (Blattlänge 8–20 cm, Blattbreite 0,5–2,0 cm).
Verwendung: Solitär, Sichtschutz/Hecke, Kübelpflanze.
Tipp: Junge Sprosse bzw. die dann sichtbaren ockerfarbenen Halmscheidenblättchen sind rotbraun behaart.

Fargesia robusta

Hibanobambusa tranquillans

Diese Art ist weniger verbreitet als ihre nachfolgend aufgeführte weißbunte Verwandtschaft. Ideal zur dichten Bepflanzung von Flächen. Kann, wie andere halbhohe Arten, über den Winter in seiner Belaubung leiden. Man tut gut daran, diesen Bambus im März um ein Drittel herunterzuschneiden. Bald darauf wird sich der neue Austrieb einstellen.
Wuchshöhe: 2–3 m
Winterhärte: Bis –20 °C
Rhizomtyp: Ausläufer bildend.
Standort: Sonnig bis halbschattig.
Wuchs: Dichtbuschig, bis zum Boden belaubt.
Halm: Grün.
Blatt: Groß und breit.
Verwendung: Solitär, Sichtschutz/Hecke, Pflanzgefäß.
Tipp: Laub groß, schön geformt und tiefgrün. Bildet vielhalmige, dichte Büsche.

Hibanobambusa tranquillans 'Shiroshima'

Hibanobambusa tranquillans 'Shiroshima'

Dieser Ausläufer treibende Bambus ist der beliebteste unter den halbhohen Sorten. Dies ist auf seine auffallende Belaubung zurückzuführen. Die Blätter sind 15–20 cm lang und 3–4 cm breit. Es wechseln sich dunkles Grün und Cremeweiß ab. Die Streifung ist unterschiedlich breit. Diese auffallende Blattfärbung bewahrt der Bambus noch weit bis in den Winter, manchmal gar über den ganzen Winter. Er eignet sich sowohl für Einzelpflanzung als auch für Gruppen. Bei entsprechender Pflege auch für die Pflanzung im Kübel geeignet. Wenn dieser Bambus im Garten ausgepflanzt wird, ist eine Rhizomsperre unerlässlich. Ein Teilrückschnitt Mitte März fördert die Neubildung von Blättern.
Wuchshöhe: 1–2 m
Winterhärte: Bis –20 °C
Rhizomtyp: Ausläufer bildend.
Standort: Sonnig bis halbschattig.
Wuchs: Dichtbuschig, bis zum Boden belaubt.
Halm: Grün.
Blatt: Groß und breit, auffällige Zeichnung.
Verwendung: Solitär, Sichtschutz/Hecke, Kübelpflanze, flächige Pflanzung, Formschnitt/Topiary.
Tipp: Sehr dauerhafte und farbenfrohe Blattstreifung an einem pflegeleichten Bambus.

Indocalamus latifolius

Diese Art ist auch unter der Bezeichnung *Arundinaria latifolia* bekannt und zeichnet sich durch auffallend große Blätter

Indocalamus tessellatus

aus. Die Belaubung ist glänzend dunkelgrün. Dieser Bambus gedeiht auch im Schatten von Bäumen. Nach einem strengen Winter müssen die Pflanzen einen Teilrückschnitt erfahren, da es sonst lange dauert, bis die vertrockneten Blätter abgestoßen werden.

Wuchshöhe: 1–2 m
Winterhärte: Bis –20 °C
Rhizomtyp: Ausläufer bildend, jedoch im Vergleich zu anderen Arten gering.
Standort: Sonnig bis halbschattig.
Wuchs: Dichtbuschig, bis zum Boden belaubt, aufrecht.
Halm: Olivgrün, kleinfingerstark.
Blatt: Groß und breit. Die Blätter können im Winter bei trockenem Ostwind in Mitleidenschaft gezogen werden, erneuern sich dann jedoch wieder.
Verwendung: Solitär, Sichtschutz/Hecke, Kübelpflanze, flächige Pflanzung.
Tipp: Bildet als Gruppe gepflanzt dichte Flächen.

Indocalamus tessellatus Syn.: *Sasa tessellata*

Dieser riesenblättrige Bambus bildet dichte Büsche. Seine glänzenden Blätter sind überhängend. Der Ausbreitungsdrang hält sich in Grenzen. Er bevorzugt einen windgeschützten Standort und kann auch unter Bäume gepflanzt werden.

Wuchshöhe: 1–1,5 m
Winterhärte: Bis –20 °C
Rhizomtyp: Ausläufer bildend, aber weniger stark als andere Arten.
Standort: Sonnig bis halbschattig oder schattig.
Wuchs: Dichtbuschig, bis zum Boden belaubt.
Halm: Dünn, mattgrün, verzweigt sich bereits in Bodennähe.
Blatt: Sehr groß, mitunter bis 50 cm lang und 8 cm breit, somit von allen bei uns gedeihenden Bambussen mit Abstand der mit den größten Blättern.
Verwendung: Solitär, Sichtschutz/Hecke, Kübelpflanze, flächige Pflanzung.
Tipp: In der Nähe von höheren und kleinlaubigen Bambussen ergeben sich durch die unterschiedliche Blattgröße und Struktur schöne Effekte.

Phyllostachys

Diese Bambusgattung hielt erst vor zwei Jahrzehnten in unseren Gärten Einzug. Zwar war sie schon davor in einigen privaten Anlagen und Parks anzutreffen, aber insgesamt wenig verbreitet, und der Kreis derer, die sie pflanzten, war klein. Erst durch die Blüte des so genannten Gar-

Phyllostachys arcana f. *luteosulcata*

tenbambusses, der *Fargesia murieliae,* wurden viele Gartenbesitzer auf diese Gruppe der Riesengräser aufmerksam. Landes-, Bundes- und Internationale Gartenschauen haben wesentlich dazu beigetragen, diese Bambusse der Öffentlichkeit näher zu bringen. Ihr besonderer Reiz liegt darin, dass sie auch im Winter ihr frisches Grün behalten. Freilich gibt es, was die Winterhärte betrifft, unter den 70 verschiedenen Arten, Sorten und Formen bemerkenswerte Unterschiede.

Mitunter heißt es, dass dieser oder jener *Phyllostachys* weniger stark Ausläufer treibend sei. Generell ist zu sagen, dass alle *Phyllostachys* Ausläufer bilden, es macht darum wenig Sinn, Unterschiede herauszufinden. Die örtlichen Bodenverhältnisse spielen hierbei ebenfalls eine Rolle.

Mit *Phyllostachys* können wir, mehr als mit anderen Pflanzen, sehr rasch einen immergrünen Sichtschutz erzielen. Der Anblick einer solchen Bepflanzung ist nicht dunkel und düster, sondern von einem freundlichen, frischen Grün.

Sein ungestümer Ausbreitungsdrang hat diesen Bambus zeitweise in Verruf gebracht. Tatsächlich wurden in der Vergangenheit oft Fehler begangen, aus Unachtsamkeit oder aus Unwissenheit. Mittlerweile hat sich jedoch herumgesprochen: *Phyllostachys* werden immer mit Rhizomsperre gepflanzt. Der Mehraufwand lohnt sich. Ein nachträglicher Einbau ist aufwändiger.

Phyllostachys arcana* f. *luteosulcata

Ein Bambus, der wegen seiner vorzüglichen Winterhärte in Zukunft an Bedeutung gewinnen dürfte. Sein Halm ist grün, die Rinne mattgelb.

Wuchshöhe: 4–6 m
Winterhärte: Bis –20 °C
Rhizomtyp: Ausläufer bildend.
Standort: Sonnig bis halbschattig.
Wuchs: Dichtbuschig.
Halm: Grün, dekorative Zeichnung.
Verwendung: Solitär, Sichtschutz/Hecke, Hain.
Tipp: Mit seinen durchweg guten Eigenschaften hätte dieser dekorative Bambus viel mehr Beachtung verdient.

Phyllostachys aurea

Dieser Bambus wird bei uns am häufigsten angeboten, oft in Baumärkten und an Verkaufsstellen, wo man wenig Kundenberatung erfährt. Es ist auch der Bambus, dem man häufig in Ausstellungs- und Messehallen begegnet. Im unteren Teil des olivgrünen Halmes befinden sich unregelmäßige Verdickungen, regelrechte Knuppen. *P. aurea* ist nicht für alle Standorte in Deutschland geeignet. In winterkalten Gebieten wird er Schaden nehmen. Besonders gefährlich wird es bei austrocknendem Ostwind. Wenn sich *Phyllostachys aurea* in einem Pflanzgefäß befindet und über den Winter ungeschützt steht, kann es zum Verlust kommen. Rechtzeitiger Winterschutz ist unerlässlich.

Wuchshöhe: 3–5 m
Winterhärte: Bis –16 °C
Rhizomtyp: Ausläufer bildend.
Standort: Sonnig bis halbschattig, geschützt.
Wuchs: Dichtbuschig, bis zum Boden belaubt.
Halm: Grün, besondere Form.
Verwendung: Solitär, Sichtschutz/Hecke, Kübelpflanze, Formschnitt/Topiary.
Tipp: Gut im Topf als mobiles Grün. Laub im Winter windempfindlich.

Phyllostachys aurea

Phyllostachys aureosulcata

Eine Art, die bei uns schon seit langem bekannt ist und in puncto Winterhärte lange Zeit unübertroffen war. An ihrer Verlässlichkeit bei tiefen Temperaturen hat sich nichts geändert, nur sind einige neuere und ebenso frostfeste Sorten hinzugekommen. Die Art hat einen straff aufrechten Wuchs, und ihre Halme fühlen sich rau an.

Wuchshöhe: 3–5 m, unter günstigen Bedingungen werden auch 6 m erreicht.
Winterhärte: Bis –24 °C
Rhizomtyp: Ausläufer bildend.
Standort: Sonnig bis halbschattig.

Halme von *Phyllostachys aurea.*

Phyllostachys aureosulcata 'Aureocaulis'

Phyllostachys aureosulcata f. *spectabilis*

Wuchs: Dichtbuschig, bis zum Boden belaubt, aufrecht.
Halm: Grün, dekorative Zeichnung.
Verwendung: Solitär, Sichtschutz/Hecke.
Spross: Schmackhaft.
Tipp: Halm und Blatt tiefgrün, Sulcus gelb. Halme unten gelegentlich zickzackförmig.

Phyllostachys aureosulcata 'Aureocaulis'

Dieser Bambus hat auffallend dunkelgrünes Laub, das in einem sehr schönen Kontrast zu seinen zitronengelben Halmen steht. Die Halme werden weniger stark als bei den nahen Verwandten, aber sie sprießen dafür in einer Vielzahl aus dem Boden.
Wuchshöhe: 3–5 m
Winterhärte: Bis –24 °C
Rhizomtyp: Ausläufer bildend.
Standort: Sonnig bis halbschattig.
Wuchs: Dichtbuschig, bis zum Boden belaubt, aufrecht.
Halm: Gelb.
Verwendung: Solitär, Sichtschutz/Hecke, Kübelpflanze.
Spross: Schmackhaft.
Tipp: Junge Halme leuchtend schwefelgelb, an der Sonne vorübergehend blutrot.

Phyllostachys aureosulcata f. *spectabilis*

Dieser Bambus mit der auffallenden gelben Halmfarbe und dem grünen Streifen wurde Mitte der 1970er-Jahre im nördlichen China entdeckt. Es handelt sich um eine Mutation des lange bekannten grünen *Phyllostachys aureosulcata.* Man kann wie bei der grünen Form vielfach Halme sehen, die im unteren Bereich einen Zickzackwuchs aufweisen. Diese heute besonders beliebte und mittlerweile in Europa verbreitete Sorte wurde Anfang der 1980er-Jahre von der Baumschule Eberts, Baden-Baden, durch Vermittlung des Botanischen Gartens Shanghai, China, eingeführt. Sie eignet sich vor allem für winterkalte Gebiete, ist sehr verlässlich, robust und verträgt auch vorübergehende Trockenheit. Sie hat

einen kräftigen Wuchs und einen bemerkenswerten Ausdehnungsdrang. Die Rhizomsperre ist unerlässlich. Die einzelnen Halme können mehr als Daumenstärke erreichen. Wenn man mit dem Finger an dem Halm entlang aufwärts streicht, fühlt sich dieser an wie feines Sandpapier.
Wuchshöhe: 3–5 m
Winterhärte: Bis –24 °C
Rhizomtyp: Ausläufer bildend.
Standort: Sonnig bis halbschattig.
Wuchs: Dichtbuschig, bis zum Boden belaubt, aufrecht.
Halm: Gelb, dekorative Zeichnung, grüner Streifen im Sulcus. Bei Wintersonne oft rötliche Färbung des Halmes. Neue Halme im Frühjahr ebenfalls zeitweise lila-rötlich.
Verwendung: Solitär, Sichtschutz/Hecke, Kübelpflanze.
Spross: Schmackhaft.
Tipp: Dieser Bambus hat wegen seiner herausragenden Eigenschaften im Winter und seiner Wuchs- und Farbenfreude viele Freunde gefunden.

Phyllostachys bambusoides

In Japan einer der am weitesten verbreiteten Bambusse. In Kyoto begegnet man ihm überall. *P. bambusoides* werden dort seit langer Zeit plantagenmäßig angebaut, geerntet und verwertet. Die Halme schaffen einen Durchmesser von 12 bis 15 cm Stärke. Sie werden wegen ihrer Dickwandigkeit sehr geschätzt und auf vielfältige Weise verarbeitet. Es gibt Betriebe, die die Halme des *Phyllostachys bambusoides* über einer Gasflamme erhitzen, abreiben und dabei gerade richten. Bei diesen speziellen Händlern kann man auch Halme mit einer besonders gesprenkelten Oberfläche finden sowie solche, die quadratisch sind. Dieser Bambus ist auch unter der Bezeichnung »timber bamboo« (Holzbambus) bekannt geworden.
Wuchshöhe: 6–9 m
Winterhärte: Bis –18 °C
Rhizomtyp: Ausläufer bildend.
Standort: Sonnig.
Wuchs: Dickhalmig, aufrecht.
Halm: Grün.
Verwendung: Solitär, Hain.
Spross: Schmackhaft.
Tipp: Gerade und stabile Halme. In Asien als Nutzholz verwendet.

Phyllostachys bambusoides 'Castillonis' (= 'Castillonii')

Dieser Bambus war vereinzelt schon früh in Europa bekannt. In den 1970er-Jahren kam die

Phyllostachys bambusoides 'Castillonis'

Sorte zum Blühen und verschwand weitgehend. Die Wiedereinführung verdanken wir Herrn Prof. Dieter Warda, damals technischer Leiter des Botanischen Gartens Hamburg. Er bekam eine Pflanze aus Japan, vermehrte diese und verteilte

sie in den folgenden Jahren großzügig.
Wuchshöhe: 5–7 m
Winterhärte: Bis –18 °C
Rhizomtyp: Ausläufer bildend.
Standort: Sonnig.
Wuchs: Dickhalmig.
Halm: Goldgelb mit breiten, grünen Streifen.
Blatt: Lanzettlich, vereinzelt mit weißer Streifung.

Phyllostachys bambusoides 'Holochrysa'

Verwendung: Solitär, Hain, Formschnitt/Topiary.
Tipp: Laub etwas größer als normal, glänzend. Dieser wunderschöne Bambus, der den Namen des französischen Adligen de Castillon trägt, fühlt sich im Weinbauklima besonders wohl.

Phyllostachys bambusoides 'Castillonis-Inversa'

Wie der Name schon sagt, sind hier die Farben spiegelbildlich vertauscht. Der sonst gelbe Halm ist glänzend grün, die Streifung zeigt sich in mattem Gelb.
Wuchshöhe: 5–7 m
Winterhärte: Bis –18 °C
Rhizomtyp: Ausläufer bildend.
Standort: Sonnig.
Wuchs: Dickhalmig, aufrecht.
Halm: Grün, dekorative Zeichnung.
Verwendung: Solitär, Hain.
Tipp: Grüner Halm mit gelben Streifen, etwas starkwüchsiger als 'Castillonis'.

Phyllostachys bambusoides 'Holochrysa'

Von Kennern wird er als der Bambus mit der schönsten Halmfarbe geschätzt. Das Gelb geht über in einen kräftigen Orangeton. Eine gemischte Pflanzung, zum Beispiel zusammen mit *Phyllostachys nigra punctata,* bringt einen starken Kontrast.
Wuchshöhe: 4–6 m
Winterhärte: Bis –18 °C
Rhizomtyp: Ausläufer bildend.
Standort: Sonnig bis halbschattig.
Wuchs: Dickhalmig, aufrecht.
Halm: Gelb.
Blatt: Lanzettlich.
Verwendung: Solitär, Hain, Formschnitt/Topiary.
Tipp: Für viele Bambusfreunde eindeutig der schönste gelbhalmige Bambus. Darf in einer Sammlung nicht fehlen. Von der untergehenden Herbstsonne angestrahlt, bietet er einen spektakulären Anblick.

Phyllostachys bissetii

Der »Bambus für alle Fälle« erfüllt fast alle Wünsche. Er bildet dichte Hecken, die gut auf einer gewünschten Höhe gehalten werden können, und hält auch in winterkalten Regionen durch. *P. bissetii* ist aber auch sehr schön als Einzelpflanze. Dieser Bambus verdankt seinen Namen dem Franzosen David Bisset. Er war in den 1930er-Jahren, als

Phyllostachys bissettii

F. A. McClure Bambusse aus China in die USA schickte, Obergärtner des Bambusversuchsgartens in Savannah, Georgia.
Wuchshöhe: 3–5 m
Winterhärte: Bis –24 °C
Rhizomtyp: Ausläufer bildend.
Standort: Sonnig bis halbschattig.
Wuchs: Dichtbuschig, bis zum Boden belaubt, aufrecht.
Halm: Grün.
Verwendung: Solitär, Sichtschutz/Hecke, Kübelpflanze.
Tipp: Sehr unempfindlich im Winter. Wird gern auf Messen und Veranstaltungen als mobiles Grün verwendet.

Phyllostachys glauca

Dieser Bambus steht 10 m hoch im Eingangsbereich des Botanischen Gartens der Stadt Peking – damit ist schon eine Aussage über seine Winterhärte gemacht. Nun haben wir allerdings nicht die Sommerwärme wie in der Hauptstadt Chinas, und aus diesem Grund wird er bei uns auch nicht diese Höhe erreichen.
Wuchshöhe: 5–7 m
Winterhärte: Bis –22 °C
Rhizomtyp: Ausläufer bildend.
Standort: Sonnig bis halbschattig.
Wuchs: Hoch werdend, Spitzen leicht überhängend.
Halm: Grün, unterhalb des Knotens ein auffallend heller Ring.
Verwendung: Solitär, Sichtschutz/Hecke, Hain.
Spross: Schmackhaft.
Tipp: Junge Halme sind bläulich grün. Im Alter neigen die Halme zum Überhängen, die Pflanze entfaltet sich dann raumgreifend in die Breite.

Phyllostachys glauca 'Yunzhu'

Phyllostachys humilis

Phyllostachys glauca 'Yunzhu'

Diese Sorte unterscheidet sich von der Art durch auffallend braune bis braunschwarze Flecken auf dem sonst grünen Halm. Diese Flecken gehen teilweise ineinander über und können bis zu einem Drittel des Halmes bedecken.
Wuchshöhe: 5–7 m
Winterhärte: Bis –22 °C
Rhizomtyp: Ausläufer bildend.
Standort: Sonnig bis halbschattig.
Wuchs: Bildet keine besonders starken Halme aus, dafür jedoch eine große Anzahl.
Halm: Grün, mit unregelmäßigen braunen Flecken.
Verwendung: Solitär, Sichtschutz/Hecke, Hain.
Spross: Schmackhaft.
Tipp: Wird der Pflanze genügend Platz zugestanden, entfaltet sich die anmutige, überhängende Wuchsform.

Phyllostachys humilis

Ein Bambus, der sich durch Wuchsfreudigkeit und durch Winterhärte auszeichnet. Die Halme erreichen in der Regel nicht mehr als Fingerstärke, wachsen aber in großer Zahl und eng stehend aus dem Boden. Die Halme sind stark verzweigt, die Belaubung ist dicht. *P. humilis* ist deshalb besonders gut für Hecken mit einer Höhe von 2 m geeignet. Dieser Bambus verträgt den Schnitt sehr gut.
Wuchshöhe: 2–4 m
Winterhärte: Bis –24 °C
Rhizomtyp: Ausläufer bildend.
Standort: Sonnig bis halbschattig.
Wuchs: Dichtbuschig, bis zum Boden belaubt, aufrecht.
Halm: Matt olivgrün, fühlt sich rau an.
Blatt: Zierlich.
Verwendung: Solitär, Sichtschutz/Hecke, Kübelpflanze.
Tipp: Sehr robust und wüchsig. Bleibt niedrig und entwickelt viele Halme. Lässt sich auch zur Bonsaipflanze umerziehen.

Phyllostachys iridescens

In seiner chinesischen Heimat (Provinz Zhejiang) wird dieser Bambus besonders wegen seiner schmackhaften jungen Sprosse geschätzt. Auffallend sind seine rötlichen Halmscheidenblätter. Weil er sehr kräftige Halme ausbildet, nennt man ihn auch »Hahnenkamm-Bambus«.
Wuchshöhe: 6–9 m

Winterhärte: Bis –20 °C
Rhizomtyp: Ausläufer bildend.
Standort: Sonnig bis halbschattig.
Wuchs: Dickhalmig, aufrecht.
Halm: Grün, unregelmäßige, mattgelbe Streifung, besonders im unteren Teil des Halmes.
Verwendung: Solitär, Hain.
Spross: Besonders schmackhaft.
Beschreibung: Dunkelrote Sprosshüllblätter.
Tipp: Im Halbschatten kommt die Zeichnung der Halme besonders schön zur Geltung.

Phyllostachys iridescens

Phyllostachys nigra 'Boryana'

Dieser beliebte, hochwüchsige Bambus hat zwar nicht, wie der wissenschaftliche Name vermuten lässt, einen schwarzen, sondern einen grünen Halm, ist aber anhand seiner braun bis lilaroten Fleckung leicht zu erkennen. Für viele erfahrene Gartenbesitzer derjenige Bambus, mit dem man auch in den winterkalten Gebieten unserer mitteleuropäischen Breiten stattliche Halmhöhen erreichen kann.
Wuchshöhe: 6–8 m
Winterhärte: Bis –22 °C
Rhizomtyp: Ausläufer bildend.
Standort: Sonnig bis halbschattig.
Wuchs: Dichtbuschig, bis zum Boden belaubt, dickhalmig, aufrecht.
Halm: Grün mit dekorativer Zeichnung.
Blatt: Zierlich.
Verwendung: Solitär, Sichtschutz/Hecke, Hain, Formschnitt/Topiary.
Spross: Schmackhaft.
Tipp: Durch die dichte Belaubung bis zur Basis ideal als hohe Sichtschutzhecke. Prachtvoller Solitär oder Hain.

Rechts: *Phyllostachys nigra* 'Boryana'

Phyllostachys nigra f. punctata

Phyllostachys nigra 'Henonis'

Ursprüngliche Heimat Sichuan (China). Seinen Namen erhielt dieser grünhalmige Bambus nach dem französischen Arzt Dr. Henon, der Ende des 19. Jahrhunderts in einem Krankenhaus in Japan arbeitete. Als Abschiedsgeschenk brachten ihm seine Kollegen diesen Bambus aus den umliegenden Bergen, und er nahm ihn mit in seine Heimat.
Wuchshöhe: 6–8 m
Winterhärte: Bis –22 °C
Rhizomtyp: Ausläufer bildend.
Standort: Sonnig bis halbschattig.
Wuchs: Dichtbuschig, bis zum Boden belaubt, dickhalmig, aufrecht.
Halm: Grün.
Blatt: Zierlich.
Verwendung: Solitär, Sichtschutz/Hecke, Hain, Formschnitt/Topiary.
Spross: Schmackhaft.
Tipp: Die Halme sind bis zum Boden dicht belaubt.

Phyllostachys nigra f. *punctata*

Der Lieblingsbambus vieler Gartenfreunde. Seine Halme kommen zunächst grün aus dem Boden. Im ersten Jahr zeigt sich eine große Zahl schwarzer Punkte. Im zweiten und dritten Jahr stellt sich dann die charakteristische Schwarzfärbung ein. Diese geht dann bis zu Pechschwarz. Die Knotenringe sind dagegen auffallend hell. Es gibt verschiedene Klone. An ungünstigen Standorten sollte dieser Bambus im Winter etwas geschützt werden. Bei Pflanzung im Kübel ist eine gute Düngerversorgung wichtig. Sind die Blätter erst einmal gelblich geworden, wird man es kaum schaffen, die Pflanze wieder grün zu bekommen. Allein durch das Umtopfen in neues Substrat kann sich dieser Zustand bessern.
Wuchshöhe: 3–5 m
Winterhärte: Bis –18 °C
Rhizomtyp: Ausläufer bildend.

Standort: Sonnig bis halbschattig, geschützt.
Wuchs: Dichtbuschig, bis zum Boden belaubt.
Halm: Vor allem ältere Halme fallen durch ihre pechschwarze Färbung auf.
Verwendung: Solitär, Sichtschutz/Hecke, Kübelpflanze, Formschnitt.
Tipp: Wer die Halme besonders zur Geltung bringen möchte, kann einen Teil der unteren Seitenzweige entfernen.

Phyllostachys parvifolia

Ein Bambus, der lange unbeachtet blieb. Doch das ändert sich in jüngster Zeit zusehends, denn die guten Erfahrungen von Pflanzenfreunden aus winterkalten Gebieten machen die Runde.
Wuchshöhe: 4–6 m
Winterhärte: Bis –22 °C
Rhizomtyp: Ausläufer bildend.
Standort: Sonnig bis halbschattig.
Wuchs: Dichtbuschig, aufrecht.
Halm: Olivgrün, im frühen Stadium weiß bepudert.
Blatt: Zierlich.
Verwendung: Solitär, Sichtschutz/Hecke, Hain, Formschnitt/Topiary.
Spross: Schmackhaft.
Tipp: Ein Bambus, der vorzügliche Eigenschaften hat, vor allem was seine Winterhärte betrifft. Laub klein und dicht.

Phyllostachys praecox

Das Typische an diesem Bambus ist sein früher Austrieb. Die frischen Sprosse sind hell und, was den Geschmack betrifft, die besten. Leider braucht man bei uns eine beachtliche Fläche, um genügend davon ernten zu können. In seiner chinesischen Heimat wird dieser Bambus wegen der Sprossenernte großflächig angebaut.
Wuchshöhe: 5–7 m
Winterhärte: Bis –18 °C
Rhizomtyp: Ausläufer bildend.
Standort: Sonnig, geschützt.
Wuchs: Aufrecht.
Halm: Mattgrün, kurze Knotenabstände.
Verwendung: Solitär, Hain.
Spross: Schmackhaft.
Tipp: Sprosse treiben früh im Jahr. Halme frischgrün mit kurzen Internodien.

Phyllostachys propinqua

Von diesem dunkelgrün glänzenden Bambus scheinen unterschiedliche Klone im Umlauf zu

Bambus für Bayern
Im Weinbauklima ist Bambus gar kein Problem. Aber es gibt genügend Bambusse, vor allem aus der *Phyllostachys*-Gruppe, die den Winter in Oberbayern ebenso gut überstehen wie den Winter in Peking, in ihrer nordchinesischen Heimat.

Phyllostachys praecox

sein, die auch unterschiedliche Winterhärte aufweisen. Die ursprünglich im Jahr 1928 durch F. A. McClure in die USA eingeführte Art hat mit den späteren Importen nur wenig gemeinsam. Die ersten Direkteinführungen aus dem Reich der Mitte nach Deutschland gehen auf Erwin Wickert zurück, den langjährigen Leiter der deutschen Botschaft in China.
Wuchshöhe: 5–7 m
Winterhärte: Bis –22 °C
Rhizomtyp: Ausläufer bildend.
Standort: Sonnig bis halbschattig.
Wuchs: Dichtbuschig, aufrecht.
Halm: Glänzend dunkelgrün, mitunter leicht bläulich schimmernd. Die Halmscheidenblätter sind gefleckt, sie fühlen sich rau an.
Verwendung: Solitär, Sichtschutz/Hecke, Hain.
Spross: Schmackhaft.
Tipp: *P. propinqua* kann über Jahre einzelne Blütentriebe hervorbringen. Diese schneidet man auf Bodenhöhe ab.

Phyllostachys pubescens

Phyllostachys pubescens
Syn.: *Phyllostachys edulis*

Dieser Bambus, in China als »Mao Zhu« bekannt, ist der König unter den Bambussen. Er ist der *Phyllostachys,* der bei optimalen Wachstumsbedingungen die höchsten und dicksten Halme hervorbringt, und dieses auch in Europa. Auch die Belaubung ist besonders eindrucksvoll, dicht und flauschig. Die Halmspitze neigt sich, durch die Fülle des Laubes, leicht über. Doch leider fühlt er sich nördlich der Alpen nicht wohl. Er verträgt zwar kurzfristig –10 °C, aber es fehlt ihm bei uns die Wärmesumme. Viele warme Tage und vor allem warme Nächte sind ausschlaggebend für seine optimale Entwicklung. Er ist einer der wenigen *Phyllostachys,* von denen man neuerdings relativ leicht Saat bekommen kann, weil es in jedem Jahr einen kleinen blühenden Bestand zu geben scheint. Die Saat keimt auch bei uns recht gut. Es gibt Bambusfreunde, die nicht aufgeben und der Meinung sind, dass es doch unter den vielen Sämlingen auch Unterschiede in der Winterhärte geben müsse. Doch es ist und bleibt eine Tatsache, dass der König unter den Bambussen

Phyllostachys pubescens 'Bicolor'

sein Reich, wenn überhaupt in Europa, dann südlich der Alpen sieht. Am Luganer See gibt es einen Bestand mit Halmen von Ofenrohrstärke und einer Höhe von 20 m.

Dieser in China wichtigste Bambus ist auch unter der botanischen Bezeichnug *Phyllostachys edulis* bekannt – *edulis,* der Essbare. Kein Wunder, denn viele seiner Sprosse werden gekocht und zubereitet.

Wuchshöhe: 5–7 m
Winterhärte: Bis –16 °C
Rhizomtyp: Ausläufer bildend.
Standort: Sonnig, geschützt.
Wuchs: Dichtbuschig, dickhalmig, aufrecht.
Halm: Grün.
Blatt: Zierlich.
Verwendung: Solitär, Hain.
Spross: Schmackhaft.
Tipp: Der König der Bambusse ist wärmeliebend und entfaltet südlich der Alpen seine ganze Pracht.

Phyllostachys viridiglaucescens

Ein hoch werdender Bambus, der schon seit über 100 Jahren in Europa zu Hause ist. Seine volle Wuchshöhe erzielt er im Weinbauklima. Dies können dann Höhen um 10 m sein. Der Halmdurchmesser liegt häufig bei etwa 45 mm, in seltenen Fällen auch bei 50 mm. Ein eindrucksvolles Wäldchen dieser Art steht im Park des markgräfli-

Phyllostachys viridiglaucescens

Phyllostachys viridis 'Mitis'

chen Schlosses in Baden-Baden. Der dortige Bestand ist auf eine einzige Pflanze zurückzuführen, die dem Markgrafen von Baden im Jahr 1904 als Geschenk überbracht wurde. Den stärksten Halmdurchmesser erzielt dieser Bambus nicht wie allgemein üblich in Bodennähe, sondern 1 m über dem Boden. Eine weitere Besonderheit besteht darin, dass sich an einem normal belaubten Halm oftmals zusätzlich einzelne Zweige mit auffallend großen Blättern bilden.
Wuchshöhe: 6–9 m
Winterhärte: Bis –22 °C
Rhizomtyp: Ausläufer bildend.
Standort: Sonnig bis halbschattig.
Wuchs: Dichtbuschig, dickhalmig, aufrecht.
Halm: Grün.
Verwendung: Solitär, Sichtschutz/Hecke, Hain, Formschnitt/Topiary.
Spross: Schmackhaft.
Tipp: Schöner und zuverlässiger hoher Bambus für Einzelstand, Hain und Hecke.

Phyllostachys viridis 'Mitis'

Auch unter dem Synonym *Phyllostachys mitis* bekannt. Diesem Bambus begegnen wir häufig an den oberitalienischen Seen und im Mittelmeerraum. Er bildet eindrucksvolle, zumeist etwas gebogene Halme, die, wenn sie etwas älter sind oder am Rande des Wäldchens stehen, gelblichgrün werden. Die Sorte gedeiht gut auf einem lehmhaltigen Boden.
Wuchshöhe: 6–8 m
Winterhärte: Bis –18 °C
Rhizomtyp: Ausläufer bildend.
Standort: Sonnig bis halbschattig.
Wuchs: Dickhalmig.
Halm: Grün.
Verwendung: Solitär, Hain.
Spross: An günstigen Plätzen, dort wo reichlich Sommerwärme gegeben ist, bildet er dicke Sprosse, die sich gut in der Küche verwerten lassen.
Tipp: Mattgrüne, bogige Halme mit weißem Puderkranz unter dem Nodium.

Phyllostachys viridis 'Sulphurea'

Diese Sorte ist auch unter dem Synonym *P. viridis* 'Robert Young' bekannt. Auffallend gelbe Halme machen den besonderen Wert dieses Bambusses aus. Die Sorte benötigt, damit sie sich gut entwickeln kann, eine hohe Sommerwärme. Lang andauernder Frost und austrocknender Wind sind schädlich. Im Mittelmeerraum gibt es eindrucksvolle Bestände.
Wuchshöhe: 6–8 m
Winterhärte: Bis –18 °C
Rhizomtyp: Ausläufer bildend.
Standort: Sonnig bis halbschattig.
Wuchs: Dickhalmig.
Halm: Gelb.

Verwendung: Solitär, Hain.
Tipp: Die jungen Halme sind grüngelb, sie werden erst mit der Zeit goldgelb. Vereinzelt kann man einen dünnen grünen Streifen feststellen.

Phyllostachys vivax

Zwar liegen noch keine großen Erfahrungen vor, aber es scheint, dass dieser Bambus dem Wunsch vieler Gartenbesitzer, möglichst hohe und dicke Halme zu erzielen, gut entspricht. Und das selbst in Gebieten, in denen es zuweilen kalt werden kann. Er kommt dem *Phyllostachys bambusoides* im ganzen Erscheinungsbild sehr nah. Die einzelnen Halme sind zwar dick, aber nicht besonders dickwandig. In schneereichen Gebieten kann es deshalb zu Halmbruch kommen. Die Blätter sind merklich größer als bei anderen *Phyllostachys*.
Wuchshöhe: 6–9 m
Winterhärte: Bis –22 °C
Rhizomtyp: Ausläufer bildend.
Standort: Sonnig bis halbschattig.
Wuchs: Dickhalmig, aufrecht.
Halm: Grün.
Verwendung: Solitär, Hain.
Spross: Schmackhaft.
Tipp: Schnellwüchsig. Große Halmdurchmesser auch bei ungünstigem Klima.

Phyllostachys vivax f. *aureocaulis*

Dieser spektakuläre Bambus ist erst vor 20 Jahren vom Anjii Bambusgarten in der chinesischen Provinz Zheijang nach Deutschland gelangt. Er wirkt auf den ersten Blick so exotisch, dass man ihm keine Winterhärte zutrauen möchte. Doch wir wurden eines Besseren belehrt. Das Gelb seiner dicken Halme glänzt leuchtend. Die grüne Streifung ist völlig willkürlich und geht zumeist über den Knoten hinaus. Es sieht aus, als hätte ein Künstler seinen Kalligrafiepinsel angesetzt. Kurz: ein Traum von einem Bambus. Kein Wunder, dass man ihn 2004 zum Bambus des Jahres erkor. Es gibt kaum einen Bambus in unseren Breiten, der einen stärkeren Halm hervorbringt. Das können, selbst in Hamburg, 45 mm im Durchmesser bei einer Höhe von 7–8 m sein. Dieser Bambus bildet vor allem in den ersten Jahren nach der Pflanzung wenig Halme, dafür aber recht starke. Als kleine Pflanze wird er den Bambusfreund eher enttäuschen. Denn im Vergleich zu anderen Sorten zeigt er nur wenige Halme. Doch Geduld lohnt sich: Dieser Bambus ist eine Sensation. Nur braucht es eine

Phyllostachys viridis 'Sulphurea'

Phyllostachys vivax f. *aureocaulis*

Weile, bis man dies erkennt (es sei denn, man kauft gleich ein Exemplar von 3 oder 4 m Höhe).
Wuchshöhe: 6–9 m
Winterhärte: Bis –22 °C
Rhizomtyp: Ausläufer bildend.
Standort: Sonnig bis halbschattig.
Wuchs: Dickhalmig, aufrecht.
Halm: Gelb, dekorative Zeichnung.
Verwendung: Solitär, Hain, Formschnitt/Topiary.
Spross: Schmackhaft.
Tipp: In Einzelstellung oder als Hain ein besonderer Blickfang. Dieser Bambus eignet sich besonders gut zum pagodenförmigen Etagenschnitt. Wie das geht, ist auf Seite 85 beschrieben.

Pleioblastus

Diese Gattung ist sehr umfangreich. Es gibt Arten, die nur wenige Handbreit hoch werden, aber auch solche, die 5 m Höhe erreichen. Die Halmscheidenblättchen sind ledrig und am Halm anhaftend, die Halme selbst sind rund und besitzen keinen Sulcus. Das Vorkommen der Gattung erstreckt sich über ganz Japan, über Zentral- und Nordchina. In China fertigt man aus Halmen von *Pleioblastus amarus* Essstäbchen.

Pleioblastus auricomus

Pleioblastus auricomus
Syn.: *P. viridistriatus*

Ein niederer Bambus, der mit seinen gelbgrünen Blättern viel Farbe in den Garten bringt. Das Farbspiel, wenn Wassertropfen an seinen Blättern haften und in allen Regenbogenfarben schillern, wird den Betrachter faszinieren. Man pflanzt *P. auricomus* immer in Gruppen. Er braucht die Rhizomsperre. Nach dem Winter wird dieser Bambus wie andere bodendeckende Bambusse strohig dastehen. Im März schneidet man ihn deshalb stark zurück und wartet auf den neuen Austrieb. Er wird dann besonders schön, wenn man ihm im Sommer, Anfang August, nochmals einen Schnitt

zukommen lässt, freilich nicht mehr so scharf, um nochmals einen neuen Blattaustrieb zu fördern. Wenn er extremer Sonne ausgesetzt ist, werden seine Blätter nicht ihre volle Schönheit entfalten. Wird er an einem halbschattigen Standort gepflanzt, ist die Ausfärbung besser.
Wuchshöhe: 30–60 cm
Winterhärte: Bis –20 °C
Rhizomtyp: Ausläufer bildend.
Standort: Sonnig bis halbschattig.
Wuchs: Dichtbuschig, bis zum Boden belaubt.
Halm: Grün.
Blatt: Auffällige Zeichnung.
Verwendung: Hecke, Pflanzgefäß, flächige Pflanzung.
Tipp: Bodendecker mit leuchtendem Austrieb. Blatt frischgrün-gelb gestreift.

Pleioblastus chino 'Elegantissimus' Syn.: *Pleioblastus augustifolius*

Dieser Bambus unterscheidet sich von der eher seltenen grünen Art durch panaschierte Blätter mit sehr hohem Weißanteil.
Wuchshöhe: 1–2 m
Winterhärte: Bis –18 °C
Rhizomtyp: Ausläufer bildend.
Standort: Sonnig bis halbschattig.
Wuchs: Dichtbuschig, bis zum Boden belaubt.
Halm: Grün.
Blatt: Auffällige Zeichnung.
Verwendung: Solitär, Sichtschutz/Hecke, Pflanzgefäß, flächige Pflanzung.
Tipp: Grün-weiß panaschiertes Laub. Schöne überhängende Wuchsform.

Pleioblastus distichus Syn.: *Pleioblastus pygmaeus* var. *distichus*

Einer der schönsten bodenbedeckenden Zwergbambusse. Über den Winter werden seine Triebe, wie bei den anderen niederen Bambussen auch, strohig. Anfang März verlangt er deshalb nach einem kräftigen Rückschnitt. Diesen Rückschnitt kann man im Laufe des Jahres wiederholen und wird so einen dichten und grünen Teppich bekommen. An diesem Bambus ist die fächerartige Stellung der kleinen Blättchen besonders zierend. In Japan nimmt man ihn häufig als Rasenersatz.
Wuchshöhe: 20–40 cm
Winterhärte: Bis –20 °C
Rhizomtyp: Ausläufer bildend.
Standort: Sonnig bis halbschattig oder schattig.
Wuchs: Dichtbuschig, bis zum Boden belaubt.
Halm: Grün.

Pleioblastus distichus

Blatt: Tiefgrün, zierlich, mit auffälliger Form.
Verwendung: Hecke, Pflanzgefäß, flächige Pflanzung.
Tipp: Bodendecker mit tiefgrünem Laub und fächerartiger Blattstellung. Braucht etwas Pflege.

Pleioblastus fortunei

Pleioblastus fortunei

Bildet schöne geschlossene Flächen. Benötigt wie alle niederen Bambusse zu Beginn der Saison einen Rückschnitt. Besonders dicht wird der Bestand, wenn man diesen Rückschnitt mehrmals durchführt. Durch seine weißbunte Belaubung bringt dieser niedere Bambus Farbe in den Garten.
Wuchshöhe: 40–80 cm
Winterhärte: Bis –20 °C
Rhizomtyp: Ausläufer bildend.
Standort: Sonnig bis halbschattig oder schattig.
Wuchs: Dichtbuschig, bis zum Boden belaubt.
Halm: Grün.
Blatt: Auffällige cremeweiße Zeichnung.
Verwendung: Hecke, Pflanzgefäß, flächige Pflanzung.
Tipp: Silbrig-grünweiß panaschiertes Laub. Sehr gut als Bodendecker.

Pleioblastus linearis

Kommt ursprünglich von Kyushu, der Südinsel Japans. Er bildet einen ganz dichten Busch.
Wuchshöhe: 2–3 m
Winterhärte: Bis –18 °C
Rhizomtyp: Ausläufer bildend.
Standort: Sonnig bis halbschattig.
Wuchs: Dichtbuschig, bis zum Boden belaubt.
Halm: Grün.
Blatt: Auffällige Längsform, 10–25 cm lang bei einer Breite von knapp 1 cm; dunkel olivgrün.
Verwendung: Solitär, Sichtschutz, Pflanzgefäß, Formschnitt/Topiary.

Tipp: Dieser halbhohe dichte Bambus mit seiner gefälligen Wuchsform eignet sich gut für den Einzelstand. Empfehlenswert auch als Hecke.

Pleioblastus pumilus Syn.: *Sasa pumila*

Dieser Zwergbambus ist der bei uns am weitesten verbreitete und ideal zur Flächenbepflanzung. Auf Böschungen hält er mit seinem dichten Wurzelwerk das Erdreich. Er wird gern auf Dächer von Tiefgaragen gepflanzt. Seine sich stark ausbreitenden kleinen Rhizome zerstören keinen Beton, können jedoch in vorhandene Ritzen eindringen. Diese Bambusse darf man nicht achtlos in den Garten pflanzen, sie können sonst in kurzer Zeit andere Beete erobern. Es braucht hier unbedingt eine Abgrenzung in Form einer Rhizomsperre oder einer Mauer. Auch wer andere Gehölze in eine Fläche mit bodendeckenden Bambussen pflanzt, muss wissen, dass der Bambus alles mit seinen Rhizomen durchdringt. In diesem Fall müssen die Gehölze mit einer Rhizomsperre umstellt werden.
Wuchshöhe: 40–80 m
Winterhärte: Bis –20 °C
Rhizomtyp: Ausläufer bildend.
Standort: Sonnig bis halbschattig oder schattig.
Wuchs: Dichtbuschig, bis zum Boden belaubt.
Halm: Grün.
Verwendung: Hecke, Pflanzgefäß, flächige Pflanzung.
Tipp: Zuverlässiger grünlaubiger Bodendecker. Niedere Bambusse sind nicht ganzjährig grün. Gerade bei *Pleioblastus pumilus* ist ein mehrmaliger Schnitt für das Aussehen der Pflanzen von Vorteil.

Pleioblastus pygmaeus

Der niedrigste unter den Zwergbambussen. Dem *Pleioblastus distichus* sehr ähnlich, mit dem Unterschied, dass die Blättchen von *P. pygmaeus* noch kleiner sind. Diese Art benötigt den Rückschnitt vor Beginn der neuen Vegetationsperiode und ist dankbar für mehrere kleine Düngergaben. *P. pygmaeus* braucht einen gut drainierten Boden und verträgt keine Staunässe. Wird von Bonsaifreunden gern in Schalen gepflanzt.
Wuchshöhe: 20–30 cm
Winterhärte: Bis –20 °C
Rhizomtyp: Ausläufer bildend.
Standort: Sonnig bis halbschattig oder schattig.

Pleioblastus linearis

Pleioblastus pumilus

Pleioblastus shibuyanus 'Tsuboi'

Pseudosasa japonica

Wuchs: Dichtbuschig, bis zum Boden belaubt.
Halm: Grün.
Blatt: Zierlich, auffällige Form oder Zeichnung.
Verwendung: Hecke, Pflanzschalen, flächige Bepflanzung.
Tipp: Wird wegen des kompakten Wuchses in Japan als Rasenersatz verwendet.

Pleioblastus shibuyanus 'Tsuboi'

Dieser aus Japan stammende *Pleioblastus* ist mit seiner weißgestreiften Blattzeichnung für viele einer der Schönsten, was den Blattschmuck betrifft.
Wuchshöhe: 1–1,5 m
Winterhärte: Bis –20 °C
Rhizomtyp: Ausläufer bildend.
Standort: Sonnig bis halbschattig.
Wuchs: Dichtbuschig, bis zum Boden belaubt.
Halm: Grün.
Blatt: Auffällige feine Blattpanaschierung.
Verwendung: Solitär, Sichtschutz/Hecke, Pflanzgefäß, Formschnitt/Topiary.
Tipp: Als künstlerisch gestaltete Formschnittpflanze ein echter Blickfang. Kräftiger Rückschnitt im zeitigen Frühjahr fördert den Austrieb.

Pseudosasa japonica

Dieser bei uns häufig anzutreffende Bambus ist leicht an seinen 1,5–3 cm breiten und zwischen 10 und 25 cm langen Blättern zu erkennen. Er hat, mehr als jeder andere Bambus, den Vorzug, dass er auch an schattigen Plätzen oder unter Bäumen wächst. Die Bestände werden im Laufe der Jahre sehr dicht, oft undurchdringlich. *Pseudosasa japonica* kann auch in große, rechteckige Gefäße gepflanzt werden, die aufgereiht an einem schattigen Platz als grünes Trennelement dienen. In Japan stellt man aus seinen Halmen Pfeile her.
Wuchshöhe: 3–4 m
Winterhärte: Bis –20 °C
Rhizomtyp: Ausläufer bildend.
Standort: Sonnig bis halbschattig oder schattig.
Wuchs: Dichtbuschig, bis zum Boden belaubt, aufrecht.
Halm: Olivgrün und dünn, straff straff aufrecht wachsend. Halmscheidenblätter lang anhaftend.
Blatt: Groß, breit, mattes Dunkelolivgrün.
Verwendung: Solitär, Sichtschutz/Hecke, Pflanzgefäß.
Tipp: Hat keine speziellen Lichtansprüche. Die beigefarbenen Sprossenhüllblätter haften längere Zeit am Halm.

Qiongzhuea tumidinoda

Den Kranichfuß-Bambus, häufig auch unter dem Synonym *Qiongzhuea tumidissinoda* im Umlauf, findet man noch nicht lange in Europa. Er ist in den Bergregionen des westlichen China beheimatet. Aus seinen Halmen werden Spazierstöcke hergestellt und an Touristen verkauft. Dieser Bambus wurde lange Jahre von den Chinesen wie ein Schatz gehütet, und man setzte alles daran, dass er nicht außer Landes kommen würde. Doch dann gelangte er durch eine Verwechslung nach Südengland, in den Garten von Peter Addington. Und dieser große Bambusfreund sorgte uneigennützig für die weitere Verbreitung in Europa. Die trompetenförmigen Knoten sind einzigartig in der Welt der Bambusse. Die Halme erreichen bei uns Daumenstärke. Abgesehen davon ist seine feine Belaubung als besonderes Merkmal hervorzuheben. Dieser Bambus benötigt eine Rhizomsperre. In einem harten Winter kann er Laubschäden davontragen, von denen er sich aber in der Regel bald wieder erholt.
Wuchshöhe: 1–2 m
Winterhärte: Bis –14 °C
Rhizomtyp: Ausläufer bildend.
Standort: Sonnig bis halbschattig, geschützt.
Wuchs: Dichtbuschig.
Halm: Grün, besondere Form.
Blatt: Zierlich.
Verwendung: Solitär, Pflanzgefäß, kühler Wintergarten, Formschnitt/Topiary.
Spross: Schmackhaft.
Tipp: Nur in einem begrenzten Gebiet Sichuans (China) natürlich verbreitet. Die Ausfuhr wurde durch die chinesischen Behörden wirksam bis Mitte der 1980er-Jahre verhindert. Nur dank einer Verwechlung gelangte diese Art nach Europa.

Qiongzhuea tumidinoda (in der Bildmitte)

Sasa kurilensis

Einer der in den japanischen Wäldchen am häufigsten anzutreffenden Bambusse, ursprünglich auf der Japan vorgelagerten und zu Russland gehörenden Inselgruppe gleichen Namens heimisch (siehe Bild Seite 26).
Wuchshöhe: 0,5–1,5 m
Winterhärte: Bis –22 °C
Rhizomtyp: Ausläufer bildend.
Standort: Sonnig bis halbschattig oder schattig.
Wuchs: Dichtbuschig, bis zum Boden belaubt.
Halm: Grün.

Sasa palmata f. *nebulosa*

Blatt: Bis 25 cm lang und 6 cm breit.
Verwendung: Flächige Pflanzung.
Spross: Schmackhaft.
Tipp: Etwas größeres Laub, sehr wüchsig. Gedeiht auch unter Bäumen.

Sasa palmata f. *nebulosa*

Was das Blatt anbetrifft vielleicht der schönste unter allen Bambussen. Er hat einen gewaltigen Ausbreitungsdrang, wird aber auch gern in große Pflanzkübel gesetzt. Verträgt im Vergleich zu anderen Bambussen auch einen etwas feuchten Standort.
Wuchshöhe: 1–2 m
Winterhärte: Bis –20 °C
Rhizomtyp: Ausläufer bildend.
Standort: Sonnig bis halbschattig oder schattig.
Wuchs: Dichtbuschig, bis zum Boden belaubt, aufrecht.
Halm: Grün.
Blatt: Groß und breit, auffällige Form und Zeichnung.
Verwendung: Solitär, Sichtschutz/Hecke, Pflanzgefäß, flächige Pflanzung.
Spross: Schmackhaft.
Tipp: Aufrechter Halm mit schöner Blattanordnung. Bei durchscheinendem Sonnenlicht wird die Blattnervung besonders deutlich sichtbar.

Sasa tsuboiana

Seine Heimat ist der Norden von Kyushu, der Südinsel von Japan.
Wuchshöhe: 0,5–1,5 m
Winterhärte: Bis –22 °C
Rhizomtyp: Ausläufer bildend.
Standort: Sonnig bis halbschattig oder schattig.
Wuchs: Dichtbuschig, bis zum Boden belaubt.
Halm: Grün.
Blatt: Groß und breit.
Verwendung: Sichtschutz/Hecke, Kübelpflanze, flächige Pflanzung.
Tipp: Sehr gut flächendeckend. Empfehlenswert unter Bäumen, als niedrige Hecke bzw. Bordüre.

Sasa veitchii

Hier handelt es sich um einen sehr ungewöhnlichen Bambus. Er ist den Sommer über »ganz normal«, d.h. seine Blätter sind dunkelgrün. Seine Besonderheit zeigt dieser Bambus im Winter: Es ist die beige-weiße Blattumrandung, die sich dann einstellt. Das Chlorophyll entlang der Blattränder zieht im Herbst ein, das Grün im Blattinnern bleibt. Dies ergibt einen wirkungsvollen Kontrast.
Wuchshöhe: 0,5–1 m
Winterhärte: Bis –22 °C
Rhizomtyp: Ausläufer bildend.
Standort: Sonnig bis halbschattig oder schattig.
Wuchs: Dichtbuschig.
Halm: Grün.
Blatt: Etwa 25 cm lang und bis 6 cm breit, auffällige Zeichnung der Blattränder im Winter.
Verwendung: Pflanzgefäß, flächige Pflanzung.
Tipp: Zur Flächenbegrünung oder in Gruppen, auch unter Bäumen.

Sasa veitchii

Winterhärte: Bis –20 °C
Rhizomtyp: Ausläufer bildend.
Standort: Sonnig bis halbschattig.
Wuchs: Dichtbuschig, bis zum Boden belaubt.
Halm: Grün.
Blatt: Auffällige Zeichnung.
Verwendung: Solitär, Sichtschutz/Hecke, Pflanzgefäße, flächige Pflanzung.
Tipp: Im Pflanzgefäß sehr dekorativ. An schattigeren Standorten ist der Grünanteil in der Blattstreifung höher. Ein wunderschöner bodenbedeckender Bambus, der dicht und kompakt wächst.

Sasaella glabra f. albostriata Syn.: *Sasa masamuneana* 'Albostriata'

Sasaella glabra f. *albostriata*

Sasaella sind eine eigenständige Gruppe. Sie sind niedriger und kleinblättriger als *Sasa*, haben ansonsten aber vieles mit ihnen gemein. Ihre Heimat sind die Wälder Japans, besonders zahlreich findet man sie auf der Hauptinsel Honshu. *S. glabra* f. *albostriata* fällt besonders auf wegen ihrer panaschierten Belaubung; die Blätter sind grün mit cremeweißen Streifen. Der Anteil der panaschierten Blätter kann sehr unterschiedlich sein.
Wuchshöhe: 0,5–1,5 m

Semiarundinaria fastuosa

Semiarundinaria fastuosa

Eine nicht allzu umfangreiche Gattung unter den Ausläufer bildenden Bambussen, die in Japan ihren Ursprung hat. *S. fastuosa,* die für unsere Gärten wichtigste Art dieser Gattung, zeichnet sich durch besonders schlanken, aufrechten Wuchs aus. Sie ist immer dann zu empfehlen, wenn wenig Platz zur Verfügung steht, aber dennoch hoher Sichtschutz erwünscht ist. Es gibt Botaniker, die die Meinung vertreten, dass *Semiarundinaria* eine Kreuzung zwischen *Phyllostachys* und *Pleioblastus* darstellt. Bei diesem Bambus fallen dem Betrachter sofort die markanten Halmscheidenblätter ins Auge.
Wuchshöhe: 4–6 m
Winterhärte: Bis –18 °C
Rhizomtyp: Ausläufer bildend.
Standort: Sonnig bis halbschattig.
Wuchs: Dichtbuschig, bis zum Boden belaubt, straff aufrecht.
Halm: Nahezu runde Form, mattes, dunkles Grün.
Verwendung: Solitär, Sichtschutz/Hecke, Hain.
Tipp: Die erst tiefgrünen Halme färben sich im Sonnenlicht und durch Frosteinwirkung rotbraun. Die längere Zeit am Halm haftenden Hüllblätter sind außen matt ockerfarben, innen perlmuttfarben schillernd.

Semiarundinaria yashadake 'Kimmei'

Diese Sorte treibt wesentlich dünnere Halme als die Art. Dafür wächst sie dichtbuschig, und ihre Halme sind gelb mit einem dünnen grünen Streifen. Das Blatt ist mittelgroß und von frischem Grün. In winterkalten Gebieten kommt es häufig zu Laubschäden, die vor allem durch austrocknenden Wind verursacht worden werden. Durch die gemäßigte Wuchshöhe und

die dichtbuschige Belaubung wird dieser Bambus dennoch gerne in Pflanzkästen gesetzt.
Wuchshöhe: 1–2 m
Winterhärte: Bis –16 °C
Rhizomtyp: Ausläufer bildend.
Standort: Sonnig bis halbschattig, geschützt.
Wuchs: Dichtbuschig, bis zum Boden belaubt, aufrecht.
Halm: Gelb, dekorative Zeichnung.
Verwendung: Solitär, Sichtschutz/Hecke, Pflanzkübel, kühler Wintergarten.
Tipp: Dicht belaubt, viele gelbe Halme, ideal für Pflanzgefäße.

Shibataea kumasasa

Shibataea kumasasa

Diese Gattung ist niedrigwüchsig und Ausläufer bildend. Die Halmscheidenblättchen sind hellgrün. Dieser dichtbuschige Bambus wird allenfalls 1 m hoch. Man kann daraus schöne Hecken formen, zwei Schnitte im Jahr sind zu empfehlen. Auch für halbschattige Lagen bzw. zur Pflanzung unter Bäumen geeignet.
Wuchshöhe: 50–100 cm
Winterhärte: Bis –20 °C
Rhizomtyp: Ausläufer bildend, wenngleich nicht so stark wie die meisten anderen niederen Bambusse.
Standort: Sonnig bis halbschattig oder schattig.
Wuchs: Dichtbuschig, bis zum Boden belaubt.
Halm: Sehr dünn, grün.
Blatt: Auffällige breit gerundete Form.
Verwendung: Sichtschutz/Hecke, Pflanzgefäß, flächige Pflanzung.
Tipp: Der Unterschied zur Blattform anderer Bambusse eröffnet Möglichkeiten in der Gestaltung.

Sinobambusa tootsik f. *albostriata*

Diese Bambusgattung ist in Südjapan und im südlichen China verbreitet. Sie hat wegen mangelnder Winterfestigkeit keine große Bedeutung für uns. An der Mittelmeerküste gibt es aber einige gute Standorte. Dieser straff aufrecht wachsende Bambus hat eine dichte, panaschierte Belaubung. Der Weiß- bzw. Gelbanteil in den Blättern ist sehr hoch. Zum Formschnitt geeignet, wird bei uns gern als Kübelpflanze gehalten.
Wuchshöhe: 2–3 m
Winterhärte: Bis –4 °C
Rhizomtyp: Ausläufer bildend.
Standort: Sonnig bis halbschattig, geschützt.
Wuchs: Dichtbuschig, bis zum Boden belaubt.
Halm: Grün.
Blatt: Auffällige Zeichnung; Laub dicht, grün-weiß gestreift.
Verwendung: Solitär, als Kübelpflanze, kühler Wintergarten, Formschnitt/Topiary.
Tipp: Besonders im Pflanzgefäß sehr dekorativ. Empfindlich gegen trockene Luft.

Gartengestaltung mit Bambus

Bambusse sind längst kein Geheimtipp mehr. Im Gegenteil, sie sind dabei, unsere Gärten zu erobern. Und dies nicht nur, weil wir uns für die fernöstlichen Kulturen interessieren, sondern weil sie einfach besser zur Architektur unserer Tage passen.

Eindrucksvoll in Einzelstellung sind hohe, dickhalmige *Phyllostachys* wie hier *P. nigra* 'Henonis'.

Die Gräser aus Fernost, so sagen Kenner, helfen uns unsere heitere Gelassenheit, die wir mitunter nötig haben, zurückzugewinnen. Über Jahrzehnte hinweg haben Koniferen das Bild unserer Gärten geprägt. Sie haben uns lange begleitet, doch nun sind viele alt und unansehnlich geworden. Jetzt ist die Zeit für eine Auffrischung gekommen. Hier bieten sich Bambusse in ihren vielfältigen Erscheinungsformen gut an.

Solitärpflanzung

Bambusse kommen besonders gut zur Geltung, wenn man sie an exponierter Stelle, von der übrigen Pflanzung sich abhebend, pflanzt. Dabei wird man nicht mit kleinen Pflanzgrößen beginnen und jahrelang warten, sondern gleich großen, nahezu ausgewachsenen Bambussen den Vorzug geben.
Es gibt in den Spezialbetrieben Exemplare von sechs bis sieben Meter Höhe, kräftige, vielhalmige Pflanzen, die in Gefäßen mit einem Inhalt von 300 Litern kultiviert wurden. Wer solche Bambusse pflanzt, braucht nicht lange zu warten – er erzielt mit ihnen umgehend den gewünschten Effekt.
Aber auch schon mit einer Pflanzgröße von zwei Metern schafft man eine gute Sofortwirkung. Wer ein Beet mit drei Metern Durchmesser bepflanzen möchte, kann drei *Phyllostachys* von einer Sorte setzen und nach ein paar Jahren einen kleinen Hain sein Eigen nennen. Freilich braucht es dazu die Rhizomsperre. Da die Rhizomsperre flexibel ist, kann das Beet jede beliebige Form erhalten. Befindet sich die zu bepflanzende Fläche vor einer Mauer, dient das Mauerfundament als hintere Sperrwand. Das Beet wird in diesem Fall nur nach vorne mit der Rhizomsperre begrenzt. Die Befestigung erfolgt mittels der Aluminiumschiene und entsprechenden Dübeln an der Wand. Falls Bambusse in der Nähe von Wasser gepflanzt werden, ist zu beachten, dass es nicht zu Staunässe kommen darf. Gegebenenfalls muss das Erdreich etwas angehügelt werden. Gerade in der Nähe von Folienteichen ist Vorsicht geboten. Die spitzen Rhizome können sonst leicht die Folie des Teiches durchstoßen. Manch ein Gartenbesitzer hat sich schon über Wasserverlust gewundert, ohne dabei den Bambus zu verdächtigen.

◀ Einige Bambusse, und seien sie nur im Kübel, sorgen zusammen mit einer einfachen Steinlaterne sofort für asiatisches Flair im Garten. Doch auch weniger exotischen Gartenanlagen vermittelt er das ganz besondere Etwas.

Gruppenpflanzung

Große Bambusse können zwar auch alleine wirken, frei stehend und einzeln gepflanzt, aber besonders eindrucksvoll ist es, wenn sie gleich zu mehreren in Gruppen auftreten. Dies setzt freilich eine entsprechende Grundstücksgröße voraus. Bei einer Gruppenpflanzung empfiehlt es sich, bei einer Sorte zu bleiben und die Rhizomsperre um den ganzen Bereich einzubauen. Es können sehr wohl Pflanzen unterschiedlicher Größe verwendet werden. Man sollte niemals die Bambusse, wenn sie als Gruppe erscheinen sollen, einzeln mit einer Rhizomsperre umgeben.

Öffentliches Grün

In immer mehr Parks und öffentlichen Anlagen spielen die immergrünen Bambusse eine wichtige Rolle. In Düsseldorf, wo Straße und das Geleis der Stadtbahn sehr dicht beieinander liegen, sorgt der Bambus für eine optische Trennung.
Die meisten Bambusse wurden in den vergangenen Jahren in Zoos gepflanzt. Dort sorgen sie ganzjährig für ein exotisches Flair. Gute Beispiele sind Dresden, Duisburg und Frankfurt. Beispiele eindrucksvoller Verwendung der Riesengräser haben wir auch bei den Grünflächen der Flughäfen. In Stuttgart entlang der Parkhäuser, in Düsseldorf, in München sowie in Frankfurt beim speziell eingerichteten VIP-Abfertigungsbereich wurden in den vergangenen Jahren verstärkt Bambusse gepflanzt – auch in den Innenhöfen zwischen den Gebäuden. Überall fällt Bambus ins Auge der hastenden Passagiere. Eine Mahnung, die heitere Gelassenheit nicht zu vergessen?

Eine Gruppe *Phyllostachys vivax* f. *aureocaulis* am Bachlauf des Bambusgartens der Villa Carlotta am Comer See.

Spielen im Bambuswald

Es ist eine Tatsache, dass Bambusse, wenn sie in größerer Zahl auftreten, eine magische Anziehungskraft auf Kinder haben. Nichts ist schöner, nichts ist faszinierender als ein Bambuswäldchen. Kinder können hier herrlich Verstecken spielen, aber auch direkten Kontakt mit den Pflanzen aufnehmen. Sie werden die Halme umfassen und mit großen Augen sprechen: »Oh, Bambus!«.
Die Planer von Abenteuerspielplätzen sind sich dessen bewusst. Hier wird man besser nicht mit kleinen Pflanzen arbeiten, sondern vielmehr robuste

Bambusse einer gewissen Höhe verwenden. Selbst dann freilich wird man die Pflanzung noch eine Zeit lang schonen müssen, bevor sie zur Eroberung freigegeben wird.
Die halbhohen Bambusse wie z.B. *Hibanobambusa tranquillans* 'Shiroshima', *Sasa palmata* f. *nebulosa* oder *Indocalamus tessellatus* sollte man immer zu mehreren zusammenpflanzen. Mit der Zeit werden sie den ihnen zur Verfügung stehenden Platz ausfüllen und ein regenerierender Ruhepol fürs Auge sein.

Bambus in Innenhöfen

Oft werden Gartenarchitekten zu Rate gezogen, wenn es darum geht, frisches Grün in Lichthöfe zu zaubern, die nicht überdacht sind, also vom Regen erreicht werden. In den meisten Fällen muss auf die Decken von Tiefgaragen oder Kellergeschossen gepflanzt werden, also auf künstlichen Boden.
Wichtig ist, dass auf der Betondecke eine gute Isolation vorhanden ist und dass für eine Drainage gesorgt wird. Die oft gestellte Frage, ob Bambus die Isolation angreife, kann verneint werden. Bambusrhizome können aber in vorhandene Risse eindringen. Das kann ärgerliche Folgen haben. Das Gewicht des Substrataufbaus spielt, anders als bei Dachterassen, meist keine Rolle. Die Substratstärke sollte zwischen 60 und 80 cm betragen, auch wegen der Standfestigkeit. Das Substrat muss genügend Lehmanteile enthalten und dennoch durchlässig sein. Lockere Dachgartensubstrate sind ungeeignet. Eine Bewässerung ist Grundvoraussetzung. Die Wahl der Arten und Sorten besprechen Sie am besten mit dem Spezialisten. Es gibt auch Bambusarten, beispielsweise *Pseudosasa japonica,* die mit wenig Licht auskommen.
Immer häufiger wird auf eine grafische Wirkung einzelner Halme geachtet. Auch ein »geformter« Bambus kann sehr dekorativ sein. Einzelne Pflanzgruppen wird man mit der Rhizomsperre voneinander trennen. In Innenhöfen herrscht meist wenig Luftbewegung, was die Entwicklung von Blattläusen begünstigen kann. Wer das weiß, kann vorbeugende Maßnahmen ergreifen.

Bambusse auf Messen

Wo man früher Lorbeerbäumchen sah, stehen heute Bambusse. Auf Messen und Ausstellungen ist der Bambus ein

Bambus im Innenhof, der Uniklinik Heidelberg. Eine grüne Oase im Zentrum des Krankenhausbetriebs.

wichtiger Stimmungsmacher geworden. Auf der Internationalen Frankfurter Automobilausstellung etwa ließ der Autohersteller mit dem Stern mehr als tausend saftig grüne Bambuspflanzen auffahren. Dies war nicht nur eine gelungene Werbemaßnahme für die Automobilindustrie, sondern einmal mehr auch für den Bambus.
Heute kann man Dekorationspflanzen sogar vorübergehend ausleihen. Das zarte Grün findet sich dementsprechend an vielen Ständen.

Die niedrigen Bambusse bieten mit ihren verschiedenen Blattfarben und -formen immer ein abwechslungsreiches Gartenbild.

Flächenpflanzung

In jüngster Zeit scheinen auch westliche Architekten den Bambus für flächige Bepflanzungen entdeckt zu haben. In Japan bepflanzt man seit langem damit Böschungen, Verkehrsinseln und andere Bereiche im öffentlichen Grün. Das ist in mehrfacher Hinsicht vorteilhaft, denn haben Bambusse sich erst einmal breit gemacht, ist der spätere Pflegeaufwand gering. Ein kräftiger Rückschnitt mit dem Balkenmäher im zeitigen Frühjahr und, wenn man es einrichten kann, nochmals ein solcher im Spätsommer, das genügt.

Schön und nützlich

Bei Böschungen kommt hinzu, dass das dichte Rhizomnetz der Pflanzen ein Abschwemmen des Erdreiches verhindert. Auch für die Böschungsbefestigung in Deponien bietet sich der niedrige Bambus aus verschiedenen Gründen an. Zur Flächenbegrünung mit Bambus eignen sich besonders die folgenden Arten:

- *Indocalamus tessellatus*
- *Pleioblastus distichus*
- *Pleioblastus fortunei*
- *Pleioblastus pumilus*
- *Pleioblastus pygmaeus*
- *Sasa kurilensis*
- *Sasa tsuboiana*
- *Sasaella glabra* f. *albostriata*

Wer niedere Bambusse pflanzt, darf auf die Rhizomsperre keinesfalls verzichten, es sei denn, dass die Flächen von Mauern umgeben sind. Betonkantensteine, die meist nur in eine Tiefe von 25 cm gehen, reichen hierfür nicht. Die Rhizome können dann nämlich unterhalb durchwachsen oder sich in die Fugen zwängen.
Oftmals wird man einzelne Gehölze wie Ahorn, *Buxus* oder auch Bäume innerhalb einer flächigen Bambuspflanzung vorsehen. In diesen Fällen gilt es dafür zu sorgen, dass die Bambusse nicht in deren Wurzelbereich vordringen können. Am einfachsten tauscht man dazu die Rollen: Nicht der Bambus, sondern die anderen Gehölze werden innerhalb einer Rhizomsperre gepflanzt.
Wer dieses nicht bedenkt, muss bald mit ansehen, wie seine Rhododendren, Azaleen oder Buchsbäume vom Bambus durchdrungen werden.

Bambus als Bodendecker
Wer einen sattgrünen dichten »Teppich« will, schneidet niedrige Bambusse regelmäßig (etwa 4-mal im Jahr) und regt das Wachstum durch kleine Düngergaben an.

Bambus-Hecken

Endlich gibt es Alternativen zur Koniferenhecke! Die Thujen und die blauen Säulenzypressen haben frischgrüne Konkurrenz bekommen. Der transparenten und leichten Architektur und dem heutigen Zeitgeist entspricht der Bambus ohnehin. Sein frisches Grün, besonders auch im Winter, die Bewegung seiner Halme und das sanfte Rauschen seiner Blätter im Wind – all dies führt dazu, dass der Bambus in unseren Gärten immer mehr zum Einsatz kommt.

Hoher Sichtschutz

Wenn es um hohen Sichtschutz mit etwa 6 bis 12 m Höhe geht, sind Bambusse aus der Gattung *Phyllostachys* gefragt. Folgende Arten/Sorten sind zu empfehlen:

- *Phyllostachys iridescens*
- *Phyllostachys nigra* 'Boryana'
- *Phyllostachys nigra* 'Henonis' (beide bis zur Basis dicht belaubt)
- *Phyllostchys nuda* und *Phyllostachys nuda* f. *localis*
- *Phyllostachys viridiglaucescens*
- *Phyllostachys vivax* und *P. vivax* f. *aureocaulis*

Für Sichtschutz mit 3 bis 5 m Höhe sind die buschigen, vielhalmigen und bis zur Basis dicht belaubten *Phyllostachys*-Arten geeignet:

- *Phyllostachys bissetii*
- *Phyllostachys humilis*
- *Phyllostachys aureosulcata* 'Aureocaulis'

Die Höhe gut im Griff

Durch Schnitt lassen sich mit diesen Arten auch ganz einfach außergewöhnlich dichte Sichtschutzhecken in jeder gewünschten Höhe zwischen etwa 1,5 und 2,5 m gestalten. Wer also eine Bambushecke auf einer bestimmten Höhe halten möchte, muss nur einmal im Jahr schneiden, und zwar immer dann, wenn die neu ausgetriebenen Halme beginnen, ihre Blätter zu entwickeln. Dies ist meist im Juni/Juli der Fall.
Alle Halme, die über die gewünschte Heckenhöhe hinausgewachsen sind, werden einfach mit der Gartenschere abgeschnitten. Auf diese Weise ihrer Spitze entledigt, wird die Belaubung im unteren Teil des Halmes noch dichter, die Wuchshöhe des gekappten Halmes jedoch über seine gesamte Lebensdauer unverändert bleiben. Dasselbe gilt auch für Bambusse in Einzelstellung. Sie können deren Spitzen kappen oder einzelne Halme in ihrer Länge einkürzen. Sie wachsen dort, wo sie abgeschnitten wurden, nicht mehr weiter. Wurde die Spitze eines Halmes vom Wind umgeknickt, schneiden Sie den Halm an dieser Stelle sauber ab.
Die Zweige im unteren Teil werden nach wie vor ernährt, es ist nicht so, dass der gesamte Halm verloren wäre.
Pflanzt man Bambus entlang des Gehweges beim Zugang zum Haus, kann es sein, dass

Schön und besonders dicht wird eine in der Höhe begrenzte Hecke buschig wachsender *Phyllostachys* wie *P. humilis, P. bissetii* oder *P. aurea.*

sich durch nassen Schnee seine Halme zu Boden biegen und zum Hindernis werden. Dann wird der Gartenfreund hinausgehen, den Schnee abschütteln und verwundert feststellen, dass sich die Halme von ihrer Last befreit alsbald wieder vollständig aufrichten.
Wer hohe Bambusse als Sichtschutz pflanzt, einzeln oder als Gruppe, muss freilich immer beachten, dass die ortsüblichen Grenzabstände einzuhalten sind. In jedem Fall aber sind hohe Bambusse vielfach eine willkommene Alternative zu der Pflanzung von Nadelgehölzen. Und sie sind obendrein oft sogar noch günstiger in der Anschaffung.

Weitere Möglichkeiten

Neben den *Phyllostachys* sind für Sichtschutzhecken – frei wachsend bis zur natürlichen Wuchshöhe oder mit Schnitt zur Höhenbegrenzung – folgende Bambusse sehr geeignet:

- *Hibanobambusa tranquillans* und *H. tranquillans* 'Shiroshima'
- *Indocalamus latifolius*
- *Pleioblastus linearis*
- *Pseudosasa japonica*
- *Semiarundinaria fastuosa*

Vorteilhafte Fargesien

Wem eine Hecke von 1,5–2 m Höhe genügt, kann eine der neuen Fargesiensorten auswählen – *Fargesia murieliae* 'Deep Forest', *Fargesia murieliae* 'Standing Stone', *Fargesia murieliae* 'Green Arrows' oder *Fargesia murieliae* 'Silver Bird'. Diese Pflanzen sind bis an den Boden dicht buschig und bieten einen guten Sichtschutz. Fargesienhecken können, freilich erst nach Jahren, auch 2,5 oder knapp 3 m Höhe erreichen. Dann werden sie gut 1 m breit sein. Fargesien sind horstbildend, entwickeln also keine Ausläufer und haben somit den Vorteil, dass sie keine Rhizomsperre benötigen. Und noch ein zusätzliches Plus: Eine solche Hecke wird auch mit weniger guten Lichtverhältnissen auskommen.
Wenn eine Bambushecke unter Bäumen gepflanzt werden soll, wird es allerdings manchmal schwierig, denn außer dem Lichtmangel sind die Pflanzen noch zusätzlich der Wurzelkonkurrenz des Baumes und damit einhergehender Trockenheit ausgesetzt. Auf diese Weise platzierte Pflanzen benötigen in jedem Fall zusätzliche Pflege (wässern).

Keine Wartezeiten

Mit zunehmender Bebauungsdichte wird immer häufiger der Ruf nach hohem, ganzjährig attraktivem Sichtschutz laut. Gleichzeitig will man nicht jahrelang darauf warten, dass einem die Nachbarn nicht mehr auf den Esstisch oder die Gartenliege schauen können. Der Bambus erfüllt hier nahezu alle Wünsche. Einige Betriebe können bis zu sechs Meter hohe Solitärpflanzen liefern, Pflanzen also, mit denen augenblicklich und ohne jegliche Wartezeit eine hohe immergrüne Hecke entsteht.

Grafische Bepflanzung

In letzter Zeit sieht man immer häufiger Bilder von rasterförmigen Pflanzungen mit Bambussen.
Gemeint ist damit die dichte und strenge Bepflanzung als geschnittener grüner Block, so, wie es bislang mit der Eibe *(Taxus baccata)* üblich war. Es gibt auch Beispiele, bei denen einzelne dickhalmige Bambusse in Reihen gepflanzt werden.

Beeteinfassung

Hierzu bieten sich einige von den niedrigen Arten und Sorten an, wie beispielsweise *Shibataea*

kumasasa, Pleioblastus distichus, Sasaella glabra f. *albostriata* oder *Sasa kurilensis*. Sie müssen, sofern nicht ein Mauerfundament vorhanden ist und diese Aufgabe übernimmt, von einer Rhizomsperre eingegrenzt werden. Ohne Sperre werden die Rhizome unter die Plattenbeläge oder zwischen die Pflastersteine vordringen und auf Dauer beträchtlichen Schaden verursachen. Die niederen Bambusse vertragen 1- bis 2-mal pro Jahr einen Schnitt.
Als optische Beetbegrenzung sowie als niedriger Zaun können gespaltene Bambushalme bogenförmig ins Erdreich gesteckt werden. Man verwendet dazu frischgrüne Halme. Die so entstehenden Bambusstreifen haben eine Länge von etwa 120 cm und sind ca. 2–3 cm breit.

Streng in Form: *Pleioblastus distichus* umgibt den Quellstein im Bambusgarten der Baumschule Eberts.

Bambusse im Pflanzgefäß

Nicht jeder kann seinen Bambus in den Mutterboden pflanzen. Manchmal steht dem Pflanzenfreund nur eine Terrasse zur Verfügung.
Wenn die Kübelpflanzung gelingen soll, gilt es zu bedenken, dass die Gefäße ausreichend groß bemessen sein müssen. Man kann oberirdisch kein grünes Wunder erwarten, wenn der Wurzelraum gar zu eng ist und der Pflanze nur wenig Lebensraum zur Verfügung steht. Die Relation zwischen Pflanzgröße und Topf muss stimmen.
Haben sich die Pflanzen gut entwickelt, wird man sie in den Garten auspflanzen oder mit ihnen umziehen in ein größeres Gefäß. Eine weitere Möglichkeit besteht darin, sie herauszunehmen, zu teilen und erneut einzutopfen. Diese Arbeit führt man am besten zu Beginn des Frühjahrs oder im Spätsommer durch. Auf keinen Fall dann,

Bambus in Pflanzgefäßen: Verschiedene Arten eignen sich auch im Topf auf Terrasse und Balkon, um eine private und blickgeschütze grüne Oase zu schaffen.

wenn die Vegetation voll im Gange ist. Gegebenenfalls kann man zwischenzeitlich ältere Halme bodeneben abschneiden und so die Pflanze ausdünnen.

Wichtige Voraussetzungen

Bei der Kübelhaltung von Bambussen gilt es auf eine gute und gleichmäßige Versorgung mit Wasser und mit Nährstoffen zu achten. Der Boden des Gefäßes sollte mit einer Schicht Blähton bedeckt und diese mit einem Vlies abgedeckt werden. Darüber kommt das Erdsubstrat. Auf die Bedürfnisse der Bambusse besonders abgestimmt ist die im Handel erhältliche »frux«-Bambuserde. Ebenso ist eine gute Düngerversorgung wichtig. Der mineralisch-organische Eberts-Bambusdünger ist in seiner Zusammensetzung optimal und macht die Pflanzen robust und widerstandsfähig. Damit ermöglichen Sie Ihrem Bambus, sogar zwei Jahre im gleichen Topf zu bleiben.

Bambus im Innenraum

Bambus ist sehr ansprechend und passt zur Architektur unserer Tage. So ist es nur nahe liegend, dass man Bambusse auch gern in Innenräumen verwenden möchte.

Nicht für drinnen geschaffen

Allerdings fühlen sich Bambusse, in den Arten und Sorten, wie wir sie draußen in den Garten pflanzen, in Innenräumen nicht wohl. Gerade die Gruppe der *Phyllostachys,* die hohen Bambusse, sind auf den Wechsel der Jahreszeiten angewiesen. Sie benötigen die Temperaturabsenkung und eine damit einhergehende Ruhephase während der Wintermonate. In geheizten Innenräumen ist diese Voraussetzung nicht gegeben. Da zudem die Luftfeuchte wesentlich niedriger ist als im Freien, stellen sich nach einer gewissen Zeit häufig Spinnmilben oder gar rote Spinnen ein. Diese Schädlinge aber sind gerade in Innenräumen schwer zu bekämpfen. Manchmal hilft es, wenn man sich im Handel entsprechende Stäbchen besorgt, die in die Erde gedrückt werden. Das Mittel, das dabei freigesetzt wird, ist systemisch, d.h. es wirkt über den Saftstrom. Bisweilen kann man einen honigartigen, klebrigen Belag auf den Blättern erkennen. Es handelt sich dabei um die Ausscheidungen von Läusen. Auf diesem Belag können sich wiederum Pilzsporen ansiedeln, die sich durch dunkle Flecken äußern. Um diese zu beheben, kann man die Pflanze mit Seifenlauge und einem Zusatz von Spiritus einsprühen. Nach einer Weile dann spült man kräftig mit Wasser ab.

Bambus im Wintergarten

Wer Bambusse in seinem Wintergarten hält, muss diese, wie andere Kübelpflanzen auch, Mitte Mai an einen halbschattigen Platz ins Freie stellen. Im zeitigen Herbst, vielleicht Mitte Oktober, endet die Sommerfrische für den Bambus, und er wird, gut erholt, den Winter im Innenraum überstehen. Diese Umstellung, so die Erfahrung, quittiert er öfter mit einem starken Blattfall. Nachdem er einen Großteil der Blätter abgestoßen hat, wird er allerdings bald neue Blätter schieben. Etwas Blattfall ist bei den Bambussen ohnehin ständig zu beobachten. Bambusse stoßen permanent Blätter ab und bilden neue.

Bambus im Wintergarten: Subtropische Arten der Gattung *Bambusa* kommen mit den Bedingungen im Wintergarten am besten zurecht.

Bambusse im Haus

Wenn es für drinnen wirklich ein Bambus sein soll, kann man allenfalls auf die subtropischen *Bambusa ventricosa, Bambusa vulgaris* 'Striata' und *Bambusa multiplex* 'Alphonse Karr' zurückgreifen.

Substrat und Düngung: Bambusse lassen sich leider nicht auf Hydrokultur umstellen. Sehr gut bewährt hat sich die »frux«-Bambuserde als Substrat. Diese enthält Tonanteile und hat eine gute Pufferung. Bei den Düngern empfiehlt sich ein langsam fließender Mehrnährstoffdünger. Die Düngung erfolgt im Frühjahr und im Sommer. Zum Herbst hin sollte nicht mehr gedüngt werden.

auf einen blick

- Bambus in der Natur wächst als Hain. Im Garten ist die Gruppe die natürliche Form. Ein Solitär ist immer ein Blickfang.
- Bambus kann Boden decken und Flächen begrünen und auch Hecken bilden. Das freut die Vögel.
- Bambus kann auch einen Balkon schmücken oder einen Wintergarten. Da will er aber gepflegt und umgetopft werden.

Die Praxis – Bambus im Garten

Eigentlich ist der Bambus pflegeleicht. Was kann schon schiefgehen, wenn eine geeignete Sorte einen ihr angemessenen Platz gefunden hat? Aber auch beim Pflanzen kann man Fehler machen. Hier gibt der erfahrene Bambusmann Hinweise und Ratschläge.

Bambusangebot im Verkauf einer Garten-Baumschule.

Einkauf

Bambusse kauft man am besten beim Spezialisten oder zumindest im Fachhandel. Die dort angebotenen Pflanzen unterliegen den Qualitätsbestimmungen des Bundes deutscher Baumschulen. Hier können Sie auch davon ausgehen, dass die Sortenbezeichnungen stimmen.
Im Fachbetrieb wird man Sie beraten und Ihre Fragen kompetent beantworten.
Bambusse werden fast ausschließlich in Containern kultiviert und kommen in diesen in den Verkauf. Es sind Topfgrößen von 5 Liter Inhalt, wenn die Pflanze etwa einen Meter hoch ist, und geht bis zu 500 Litern Inhalt bei sieben Meter hohen Solitärpflanzen. Bei bodendeckenden Bambussen sind die Töpfe kleiner. Für alle gilt, dass die Töpfe gut durchwurzelt sein müssen, sie dürfen aber auch nicht aufgeplatzt sein.
Wer vorhat, einen Bambus zu pflanzen, wird wissen wollen, wie lange es dauert, bis sich dieser voll entwickelt hat. Aus einer ein Meter hohen Pflanze werden die Halme im darauf folgenden Jahr nicht gleich auf acht Meter schießen, selbst wenn dies bei der Sorte als Wuchshöhe angegeben ist. Als Faustregel kann man sagen, dass der Bambus im darauf folgenden Jahr das Anderthalbfache seiner bisherigen Höhe erreichen wird. Das geht so lange, bis er seine volle Lebensgröße erreicht hat. Ein zwei Meter hoher Bambus wird also in einer Saison auf drei Meter anwachsen. Eine vier Meter hohe Pflanze wird sechs Meter erreichen.

◀ Hier legt der Meister Hand an. Der Schnitt von Bambuspflanzen ist allerdings ein Kinderspiel. Durch das Einkürzen des Halms oder der Zweige wird der Bambus dichter und voller.

Das richtige Drumherum

Im Fachbetrieb werden Sie auch Ihre Rhizomsperre erwerben. Diese wird man Ihnen in der gewünschten Meterzahl von der Rolle abwickeln und abschneiden. Zum Verschließen der Rhizomsperre braucht es die vorgebohrten Aluminiumschienen. Das spezielle Bambussubstrat »frux« und ein spezieller Bambusdünger runden das Sortiment ab.
Bei Bambussen, wie bei Pflanzen überhaupt, handelt es sich um Lebewesen, d.h. es können immer Fragen auftauchen, und ein Service nach dem Kauf ist somit hilfreich. In Baumärkten ist, was die fachliche Auskunft

Jetzt kann es wachsen – frisch gepflanzt ist dieses Beet mit verschiedenen Bambussen. In etwa zwei Jahren wird der Bestand schön eingewachsen sein.

anbelangt, das Personal häufig überfordert. Bereits beim Einkauf werden die Qualitätsmaßstäbe hier oft nicht so streng angelegt. Deshalb sagen erfahrene Gartenbesitzer immer wieder: Besser kaufen, wo es wächst, also beim Fachmann.

Wer sich vor dem Kauf informieren möchte, lässt sich eine Farbbroschüre zuschicken oder schaut ins Internet. Mittlerweile gibt es dort sogar Foren, in denen Gartenbesitzer ihre Fragen stellen können, die vom Fachmann beantwortet werden.

Pflanzzeit

Bambusse pflanzt man am besten, sobald der Winter vorbei und der Boden etwas abgetrocknet ist. Je nach Witterung und Lage wird das im März/April sein. Wer seine Bambusse zu diesem Zeitpunkt setzt, wird nicht lange warten müssen und kann sich schon wenige Wochen später an neuen, frisch aufkommenden Halmen erfreuen. Der Boden erwärmt sich, und das Einwurzeln der Bambusse erfolgt entsprechend rasch.
Man kann Bambusse freilich auch im Spätsommer, im August, pflanzen. Zu diesem Zeitpunkt ist der Trieb abgeschlossen und die Pflanzen sammeln Nährstoffe, die in die Rhizome eingelagert werden. Im August erlauben die Bodentemperaturen noch ein gutes Einwurzeln, das ist wichtig für die Wasserversorgung über den Winter. Spätere Herbstpflanzung, wie wir es von den laubabwerfenden Gehölzen kennen, ist beim immergrünen Bambus ungünstig. Diese Bambusse laufen Gefahr, dass sie während der Wintermonate vertrocknen.
Bei zeitiger Pflanzung haben die Bambusse dagegen genügend Zeit, in ihre neue Umgebung einzuwurzeln. Die steigende Bodentemperatur hilft dabei.

Großes Zeitfenster

Aufgrund der Tatsache, dass Bambusse fast ausschließlich in Töpfen (Containern) kultiviert werden, ist man nicht streng an eine Pflanzzeit gebunden, sondern weitgehend unabhängig. Im späten Frühjahr allerdings, oder im Frühsommer, wenn der neue Austrieb voll im Gang ist, ist der Zeitpunkt ungünstig, denn dann sind die neuen Halme weich und verletzlich.
Im Spätsommer, wenn der Trieb abgeschlossen ist, haben auch

die neuen Halme ihre Festigkeit erlangt. Dann ist wiederum ein guter Zeitpunkt für die Pflanzung.
Werden Bambusse spät gepflanzt und haben nicht mehr genügend Zeit, an ihrem neuen Ort einzuwurzeln und Fuß zu fassen, kann es zu Problemen bei der Wasserversorgung kommen. Das trifft übrigens auch bei anderen immergrünen Pflanzen wie bei *Buxus,* bei Rhododendren oder bei Lorbeerkirschen zu. Wenn Bambusse im Winter eingehen, dann geschieht dies viel häufiger aufgrund mangelnder Wasserversorgung als durch niedrige Temperaturen.

Standort

Keine nassen Füße

Vielfach wird angenommen, dass Bambus an der nassesten Stelle des Gartens gepflanzt werden kann. Dies ist ein Irrtum. Bambusse sind sogar sehr empfindlich gegen Staunässe. Sie brauchen einen gut drainierten Boden. Gegebenenfalls kann man nachhelfen und leicht erhöht pflanzen.
Was den **pH-Wert** betrifft, sind die Bambusse nicht wählerisch. Am besten gedeihen sie auf Böden, deren pH-Wert um den Neutralpunkt oder leicht im sauren Bereich liegt. Auf extrem alkalischen Böden kann es zu einer leichten Gelbfärbung von Blättern und Halmen kommen.

Licht und Schatten

Bambusse gedeihen sowohl in der Sonne als auch im Halbschatten. Manche Arten wie z.B. *Pseudosasa japonica* kommen mit wenig Licht aus. Aufpassen muss man dann, wenn Schatten durch Bäume verursacht wird. Häufig leiden die Pflanzen in solchen Fällen jedoch unter Trockenheit mehr als durch Lichtentzug. Vielfach werden Bambusse in Innenhöfe gepflanzt, bei denen die umgebenden Gebäude viele Stockwerke hoch sind. Auch das geht gut, solange der Innenhof oben offen ist. Dasselbe gilt für Bambusse, die auf Balkonen stehen. Sobald sich darüber jedoch nochmals ein Balkon befindet und die Pflanze dadurch keinen Regen bekommt, wird die Sache schwierig.

Bambus auf Flachdächern

Diese Art der Verwendung kommt häufig vor. Insbesondere auf Tiefgaragen werden gerne Bambusse gepflanzt. Dabei tritt

Mobile Bambusse. Im Pflanzgefäß säumen sie hier den Fußweg, und auch auf Messen und Veranstaltungen sind sie Dauergast.

Phyllostachys vivax f. *aureocaulis* im Innenhof eines Verwaltungsbaus. Auch bei schlechteren Lichtverhältnissen ist eine erfolgreiche Bambuspflanzung machbar.

immer wieder die Frage auf, ob die Rhizome die Isolation zerstören. Die Antwort lautet Nein. Sie tun es nur, wenn der Beton Risse aufweist. Dann können sie in Ritzen eindringen. Solange die Isolation intakt ist, wird nichts passieren. Eine gute Drainage und eine angemessen starke Bodenschicht müssen natürlich gegeben sein, dazu möglichst noch eine Bewässerung, damit der Bambus weder im Sommer noch im Winter austrocknet.
Wenn viel Grün erwünscht ist, muss immer eine ausreichend dicke Erdschicht vorhanden sein. Gerade auf Tiefgaragendächern kann es sonst zu Problemen kommen.
Wenn Bambusse auf **Dachgärten** gepflanzt werden und dort dem Wind ausgesetzt sind, spielt die Wasserversorgung eine große Rolle. Zudem gibt es die Standfestigkeit der Pflanzen zu bedenken. Es werden immer nur die Wurzelballen fixiert. Die Halme müssen sich oben frei bewegen können. Eine oberirdische Verankerung, wie wir sie von Bäumen kennen, würde zum Bruch der Halme führen. Austrocknender Ostwind im Winter, wie wir ihn gelegentlich haben, ist ein schlimmer Feind der immergrünen Riesengräser. Gerade auf Dachterrassen muss deshalb auch im Winter immer zwischendurch, wenn der Boden nicht gefroren ist, gewässert werden.

Im Handel kann man preiswert granulierten Ton beziehen; dieser wird unter die Erde gemischt, quillt im Boden und sorgt für eine bessere Pufferung. Betonit-Gesteinsmehl hat eine ähnliche Wirkung.

Pflanzung im Garten

Bambusse gedeihen in jedem humosen Gartenboden. Sie sind, was den pH-Wert anbelangt, nicht besonders wählerisch. Böden um den Neutralpunkt sind ideal, bei stark kalkhaltigen Böden kann es durch Mangel an pflanzenverfügbarem Eisen zu Chlorose (gelbliche Blätter) kommen.
Bambus ist keine Sumpfpflanze. Wenn Sie ihn an die nasseste Stelle im Garten pflanzen, werden Sie gewiss keine Freude daran haben.
Ist der Boden zu nass, werden dem Bambus wie bei vielen anderen Gehölzen auch bald wegen Sauerstoffmangels Wurzeln und Rhizome zu faulen beginnen. Frisch und nahrhaft soll die Erde sein, luftig und durchlässig. Aber eigentlich stellt der Bambus keine ungewöhnlichen oder gar extravaganten Ansprüche.

Bodenvorbereitung

Bei extrem festen **Lehmböden,** die auch oft wasserundurchlässig sind, ist es von Vorteil, wenn man gewaschenen Sand oder Blähton beimengt. Das ist gut für die Drainage.
Wenn mit Staunässe zu rechnen ist, muss der Untergrund aufgebrochen werden, um so einen angemessenen Wasserabzug zu gewährleisten. In manchen Fällen wird man sogar dazu übergehen, ein Drainagerohr mit Gefälle zu verlegen oder durch einen Kiesfilter für Abhilfe zu sorgen. In einem solchen Fall sollte man das Pflanzloch sehr tief ausheben, gegebenenfalls einen Meter. Dann eine Packung groben, gewaschenen Filterkies, Körnung 16–32, einfüllen, das können 50 oder 60 cm sein. Diese Kiesschicht überdeckt man mit Drainvlies. Auf das Vlies kommt eine Bodenschicht. Auf diese wird der Pflanzenballen höhengerecht eingestellt und ringsum Erde beigefüllt, sodass bei abgeschlossener Pflanzung die Oberkante des Containerballens bündig ist mit dem um-

gebenden Bodenniveau. Besteht die Gefahr, dass sich dennoch zeitweise Wasser stauen kann, wird man bewusst »höher« pflanzen. In einem solchen Fall wird die Pflanzgrube nur auf die Hälfte der sonst üblichen Tiefe ausgehoben. Der Wurzelballen, der somit teilweise herausschaut, wird ringsum mit Erde angehäufelt. Dieser Erdhügel sollte weiträumig sein, sonst kommt es leicht zum Vertrocknen.

Das andere Extrem sind leichte **Sandböden.** Diese haben wenig Wasserhaltekraft, erwärmen sich stark und trocknen schnell aus. Sie enthalten wenig Kolloide (Tonanteil) und sind schlecht gepuffert. Wer hier nachhaltig Abhilfe schafft, erleichtert seinen Pflanzen das Leben enorm. Man sollte in solchen Fällen den eigenen Boden zumindest im Bereich der Neupflanzung mit Lehmboden vermengen.

Ein Fehler, der häufig begangen wird, ist zu tiefes Pflanzen. Die Sauerstoffversorgung im Wurzelbereich ist von großer Bedeutung. Fehlt diese, kann es zu Fäulnis kommen und zum Absterben der Wurzeln.

Viele Gartenfreunde sind heute nicht mehr bereit, ihre Pflanzungen zu lockern, zu hacken und unkrautfrei zu halten. Dabei ist das gerade im ersten Jahr nach der Pflanzung von eminenter Wichtigkeit. Nach Abschluss der Pflanzarbeiten wird heute in aller Regel eine dicke Schicht Rindenmulch aufgetragen. Diese Mulchschicht ist oft 5 cm stark und behindert die Durchlüftung der oberen Bodenschicht. Ist diese Rinde frisch und nicht abgelagert, wird bei dem bakteriellen Zersetzungsprozess auch den Pflanzen Stickstoff entzogen. Die Pflanzen zeigen dies, indem sie gelblich werden.

Selbstverständlich können Sie bei einer Neupflanzung auch etwas von Ihrem selbst erzeugten Kompost beimengen. Der Anteil sollte jedoch nicht zu hoch sein, denn die Erfahrung hat gezeigt, dass Komposte häufig einen hohen pH-Wert haben.

Rhizomsperre

Der amerikanische Bambusexperte David Farrelly wurde einmal gefragt, wie man die Bambusse am besten an ihrer ungestümen Ausbreitung hindern könne. Seine Antwort: durch Aufessen. Damit meinte er das Ernten und das Zubereiten der frischen Sprosse. Das ist natürlich durchaus denkbar, aber in unseren Breiten sind

Installieren einer Rhizomsperre. Das flexible Material passt sich jeder gewünschten Beetform an.

Da Bambusse in aller Regel Flachwurzler sind, unterwandern sie ordnungsgemäß eingebaute Rhizomsperren nicht.

Hier gibt es kein Ausbrechen. Der oben überstehende Rand der Rhizomsperre hilft, übergreifende Rhizome rechtzeitig zu erkennen.

die aufkommenden Sprosse meist dünn. Es bräuchte also eine sehr große Zahl, um eine Mahlzeit zuzubereiten. Deshalb ist es ratsam, die Sache anders anzugehen.

Nach dem derzeitigen Stand der Technik ist die in Baden-Baden entwickelte 2 mm starke Rhizomsperre – sie besteht aus hochverdichtetem Polyethylen, PE h.d. (high density) – die beste Methode, die Rhizome der Ausläufer bildenden Bambusse in ihre Schranken zu weisen. Dieses Material kommt auf Rollen mit einer Gesamtlänge von 50 Metern, die Breite beträgt 70 cm. In den Fachbetrieben oder auch beim Versandhandel können Sie sich jede gewünschte Länge von der Rolle abschneiden lassen. Dieser schwarze Kunststoff ist flexibel, beständig gegen Wurzelsäuren und sehr lange haltbar. Wenn die Rhizomsperre vorschriftsmäßig eingebaut ist, kann man davon ausgehen, dass in den kommenden Jahren nichts passieren wird.

Besonders bei Pflanzung an Grundstücksgrenzen ist eine Rhizomsperre angeraten, um möglichen Ärger mit Nachbarn von vornherein zu vermeiden.

Seit über zwanzig Jahren erfolgreich bewährt hat sich das flexible Material der Rhizomsperre aus Baden-Baden.

In seltenen Fällen und unter bestimmten Gegebenheiten kann es freilich dennoch vorkommen, dass ein Rhizom unter der Sperre hindurch entweicht und außerhalb unverhofft ein Trieb aufkommt. Ein wachsames Auge schadet also nie.

Es gibt eine zum Glück nicht sehr verbreitete Bambusart, *Bashania fargesii,* deren Rhizome tie-

fer als einen Meter gehen. Wer mit diesem Bambus liebäugelt, tut gut daran, sich darüber im Klaren zu sein.
Oft wird die Frage gestellt, ob nicht eine starke Teichfolie den gleichen Zweck erfüllen kann. Aber wer die spitzen Rhizome eines *Phyllostachys* kennt, dem fällt die Antwort auf diese Frage nicht schwer.
Man kann die Rhizomsperre kreisförmig einbauen, die Beetform kann aber auch oval oder rechteckig sein – das Material lässt viele Formen zu.
Wenn man das Beet schließt, führt man beide Enden der Folie zusammen, lässt sie etwas überlappen und durchbohrt die Folie dort, wo die Schrauben der Aluminiumverschlussschiene durchgesteckt und fest verschraubt werden. Die Rhizomsperre, auch wenn sie optisch nicht schön ist, muss immer etwa zwei Fingerbreit überstehen. Auf diese Art kann man Rhizome, die sich anschicken »überzusteigen«, rechtzeitig erkennen und abschneiden.

Keine wirklichen Alternativen

Mancher Gartenbesitzer glaubt, das Problem der Rhizomausbreitung zu lösen, indem er seinen Bambus in einen Mörtelkübel pflanzt. Das ist in doppelter Hinsicht ungünstig. Zum einen haben die üblichen Mörtelkübel meist nur eine Wandhöhe von 40 cm, was allenfalls für niederen Bambus reicht, niemals für *Phyllostachys*. Und zweitens wird man bald feststellen müssen, dass sich am Boden desselben, selbst wenn die vorhandenen Abzugslöcher vergrößert wurden, Wasser staut. Auch mit Betonschachtringen wird man kaum Glück haben. Weitere Alternativen sind Kunststoffvliese, beschichtete Glasfasergewebe, bei denen jedoch fraglich ist, ob sie dem punktuellen Druck eines nadelspitzen Rhizoms auf Dauer standhalten können.

Nicht zu weit und nicht zu eng

Die gebräuchliche Rhizomsperre ist nach unten offen; sie darf nicht zu eng angelegt sein, denn sie beeinträchtig sonst die seitliche Kapillarität des Bodens.
Je größer der Durchmesser des Beetes ist, desto besser für die darin gepflanzten Bambusse. Wenn gruppenweise und in einer Sorte gepflanzt wird, umgibt man den gesamten Bereich weiträumig mit der Rhizomsperre. Niemals jeden Bambus einzeln damit einfassen!
Es wird Fälle geben, in denen durch eine gute Entwicklung

Gut gemeint, doch umsonst: Die meisten Experimente mit selbst entworfenen Rhizomsperren gehen über kurz oder lang schlecht aus.

die Rhizomsperre zum engen Korsett für die Pflanze wird. Dann sollte eine neue Rhizomsperre verlegt werden.
Das Verlegen der Rhizomsperre kann, je nach Bodenart, mühsam sein. Wenn es sich um eine Neuanlage handelt und ausreichend Platz vorhanden ist, wird man vielleicht einen Minibagger mit einem schmalen Baggerlöffel zur Hilfe nehmen. Solche Geräte gibt es heute im Verleih.
Ist eine Rhizomsperre gar zu eng angelegt, wird das dazu führen, dass der solcherart beengte Bambus austrocknet. Die Pflanzen lassen sich diesen Notstand ansehen. Sie rollen ihre Blätter – eine ganz normale Schutzfunktion, denn so reduziert der Bambus seine Oberfläche und verdunstet weniger Wasser.

Umpflanzen und Vermehrung

Wer vorhat, von einem vorhandenen Bambus ein Teilstück abzunehmen, sollte dies zum richtigen Zeitpunkt tun. Also nicht während der Vegetation im Sommer, aber auch nicht während der Ruhephase über den Winter. Am besten sind die Monate April und September. Wie geht man vor? Es ist von Vorteil, wenn man die Pflanze vorbereiten kann, d.h. das Teilstück im April umsticht und die Rhizomverbindungen klappt, die endgültige Umpflanzung jedoch erst Anfang September vornimmt. Auf diese Weise bilden sich neue Rhizome und neue Wurzeln innerhalb des Ballens, und die Pflanze wird an ihrem neuen Ort problemlos weiterwachsen.
Wer sich diese Zeit nicht nehmen kann und eine Pflanze ad hoc umpflanzt, wird feststellen, dass sie ihre Blätter rollen wird und welkt. Um dies zu vermeiden, hilft es in manchen Fällen, wenn man einzelne Halme ganz entfernt, also die Verdunstungsoberfläche verringert und so der Pflanze das erneute Anwachsen erleichtert.

Für das Gelingen der Teilung horstiger Bambusse sind Erfahrung und ein wenig gärtnerisches Wissen Voraussetzung.

Bambusse selbst vermehren

Die Vermehrung der **Ausläufer bildenden Bambusse** wie beispielsweise *Phyllostachys* erfolgt am besten über bewurzelte **»Ableger«,** die die Pflanze von selbst bildet. Diese können wie zuvor beschrieben vom Mutterrhizom abgetrennt und umgepflanzt werden. Gute Wasserversorgung ist anfangs wichtig, da die kleinen »Ableger« anfangs wenig Wurzeln besitzen. Schutz vor starker Sonneneinstrahlung fördert die Wurzelbildung und somit das Anwachsen.
Horstige Bambusse wie *Bambusa* oder *Fargesia* können durch **Teilung** vermehrt werden. Die Mutterpflanze wird mittels Messer oder Schere geteilt. Dies stellt jedoch einen erheblichen Eingriff dar, der ohne gärtnerische Erfahrung kaum gelingt.
Mittlerweile ist auch **Bambussaat** erhältlich, die unbedingt frisch ausgesät werden sollte, da die Keimfähigkeit mit zunehmender Lagerung rapide abnimmt.

Bambus als Kübelpflanze

Nicht jeder hat seinen eigenen Garten. Aber auch wer nur eine Terrasse oder einen Balkon sein Eigen nennt, braucht auf Bambus nicht zu verzichten.
Einem nicht alltäglichen Beispiel für die Kultur von Bambussen in Pflanzgefäßen begegnen wir mitten im Finanzdistrikt von San Francisco. Auf einem Parkdeck befindet sich ein Haus, welches von acht Meter hohen Bambussen umgeben ist – eine einsame grüne Insel inmitten von Beton und Glas. Hier wurden freilich alle nötigen Voraussetzungen erfüllt: Die Bambusse stehen in großen rechteckigen Pflanzbehältern, d.h. sie haben reichlich Wurzelraum. Auf diese Weise bildet sich übrigens auch ein Gegengewicht, wenn der Wind an den hohen Halmen hebelt.

Das richtige Pflanzgefäß

Ausreichend große Gefäße entscheiden über das Gedeihen der Bambusse. Wer oben üppiges Grün erwartet, darf unten nicht knausern. Pflanzbehälter gibt es in vielen Varianten. Bei Terrakotta-Gefäßen, obwohl ihnen Frostfestigkeit zugesichert wird, stellt sich häufig heraus, dass sie im Winter reißen. Der Druck der Rhizome auf die Innenwand des Topfes trägt ebenfalls seinen Teil dazu bei. Im Handel findet man terrakottafarbene Kunststofftöpfe bis zu Durchmessern von 80 cm. Diese Töpfe sind erschwinglich und zerbrechen auch nicht, wenn der Wind den Bambus einmal umwirft.

Bambusse im Pflanzgefäß. Stellen Sie die Töpfe auf kleine Holzlatten, so läuft das überschüssige Gießwasser besser ab und beugt Frostschäden an der Terrakotta vor.

Viel Freiraum

Für die Pflanze kommt es darauf an, dass die Wurzeln genügend Raum haben und dass Wasser- und Nährstoffversorgung stimmen. Töpfe, die sich nach oben verengen, sind ungünstig; man bekommt später den Wurzelballen nicht mehr aus dem Gefäß herausgelöst.

Die Pflanzgefäße müssen Abzugslöcher haben, keinesfalls darf man den Bambus so, wie man ihn gekauft hat, in einen Übertopf stellen. Der Kulturtopf des Gärtners erlaubt keinen weiteren Verbleib der Pflanze. Er ist viel zu klein.

Der Balkongärtner muss sich darüber im Klaren sein, dass er von Zeit zu Zeit umpflanzen muss. Bambusse wachsen und benötigen nach einer Weile ein größeres Zuhause. Man kann hier Einfluss nehmen, indem man die Blattmasse verringert und einen Teil der Halme bodeneben abschneidet.

Umtopfen

Am besten ist es natürlich, wenn man der Entwicklung seines Bambusses Rechnung trägt und ihm von Zeit zu Zeit einen größeren Topf zugesteht. Dieser kann gern die Hälfte mehr Inhalt haben.
Bevor Sie Ihren Bambus in den größeren Topf umpflanzen, schneiden Sie am Boden der Pflanze einen etwa 3 cm starken Wurzelteller ab. Diese Wurzeln sind ohnehin oft abgefault. Tauchen Sie jetzt den Wurzelballen komplett ins Wasser und versuchen Sie ihn durch entsprechendes Bearbeiten etwas aufzulockern. Auf diese Weise regt man die Neubildung von Wurzeln an.
Es versteht sich, dass beim Umtopfen ausschließlich neues, unverbrauchtes Substrat verwendet wird. Vielleicht erneuern Sie bei diesem Arbeitsgang auch gleich die Drainageschicht.

Wenn ein Balkon keinen natürlichen Regen bekommt, sind die Wachstumsbedingungen für den Bambus ungünstig. Brausen Sie solche Pflanzen immer wieder ab. Bambus braucht von Zeit zu Zeit eine Dusche.

Pflege

Wässern

Viele der Bambusse, die derzeit in unseren Gärten Einzug halten, kommen ursprünglich aus Regionen mit höheren Niederschlagsmengen, als wir sie bei uns haben. Der Wasserbedarf der Bambusse ist folglich hoch. Aus diesem Grund fühlen sich Bambusse in heißen und in ariden Klimazonen nicht wohl.

Wasser ist wichtig
Bei der Neupflanzung gilt es, die Containerballen des Bambusses voll ins Wasser zu tauchen und quellen zu lassen. Besonders während der Zeit des Neuaustriebes braucht Ihr Bambus Wasser und darin gelöste Nährstoffe. Im Sommer kann es Tage geben, an denen Ihr Bambus tägliches Wässern dankbar annimmt. Sie können sich diese Arbeit erleichtern, indem Sie einen Bewässerungsschlauch verlegen und das Ganze über eine Zeitschaltuhr regeln. Am besten wässert man während der Morgen- oder während der Abendstunden.

Selbstschutz gegen Verdunstung
Wenn Bambusse unter Wassermangel leiden oder extremer Hitze ausgesetzt sind, wird ein Schutzmechanismus ausgelöst: Die Pflanzen ringeln ihre Blätter, reduzieren damit ihre Blattoberfläche und somit die Verdunstung. Man kann dies sehr gut bei den Fargesien beobachten. In den Abendstunden, nach Sonnenuntergang, zeigen sich die Blätter dann wieder in ihrem normalen Zustand.

Bei starker Sonne und Wind verdunsten die vielen Blätter des Bambus eine Menge Wasser. Ausreichende Wasserversorgung ist unerlässlich.

Kübelpflanzen
Selbstverständlich sind Bambusse, sobald sie in Gefäßen stehen, besonders auf das Wässern angewiesen. Auch hier ist

eine automatische Bewässerung angeraten.

Wässern im Winter
Auch wenn es für manche Gartenbesitzer schwer zu verstehen ist: Das Wässern im Winter ist äußerst wichtig. In den meisten Fällen ist der Verlust von Bambussen in Pflanzbehältern nämlich nicht auf die niederen Temperaturen, sondern auf die mangelnde Wasserversorgung während der Frosttage zurückzuführen.

Düngen

Bambusse sind keine Kostverächter, sie haben einen hohen Bedarf an Dünger. Diese Düngemittel sollten in ihrer Zusammensetzung **stickstoffbetont** sein.
Geben Sie bei der Pflanzung, aber auch später, jeweils im Frühjahr und im August, eine ordentliche Gabe **Hornspäne.** Diese enthalten viel Eiweiß und haben eine gute Langzeitwirkung. Das trifft auch auf im Fachhandel erhältlichen granulierten Rinderdung zu. Sehr bewährt hat sich der speziell auf die Bedürfnisse des Bambusses abgestimmte organisch-mineralische Eberts-**Bambusdünger.** Es handelt sich um einen Mischdünger, dessen Phosphatanteil bewusst niedrig gehalten ist. Alternativ können Sie auch Rasendünger verwenden. Wer Blaukorn einsetzt, muss darauf achten, dass die einmalige Gabe nicht zu hoch ist. Besser ist es, dieses in kleineren Mengen und dafür öfter zu verabreichen. Eine Überdüngung, d. h. eine zu hohe Salzkonzentration, führt zu einer Verbrennung der Blätter. Sie werden wie Heu. Wenn dies passiert, sollten Sie die betroffenen Halme nicht abschneiden, sondern warten, bis die verdorrten Blätter abgestoßen wurden und sich neue gebildet haben.
Nicht billig, aber unkompliziert in der Ausbringung und durchaus empfehlenswert sind die langsam fließenden **Langzeitdünger**. Eine zweimalige Anwendung, die erste zu Beginn der Vegetation und eine weitere im August, gewährleistet eine dauerhafte Nährstoffversorgung. Spätere Düngung hat zur Folge, dass die dadurch gebildeten Triebe weich und nicht ausgereift sind und somit oft den Winter nicht überstehen.

Kübelpflanzen richtig ernähren
Wer seine Bambusse im Topf kultiviert, muss auf eine gute Nährstoffversorgung bedacht sein. Pflanzen, die unter Nährstoffmangel leiden, werden gelblich und sind auch anfälliger für Krankheiten. Abgefallene Blätter, die sich am Boden ansammeln und mit der Zeit eine mehrere Zentimeter starke Schicht bilden können, enthalten Silizium und wertvolle Bestandteile. Man sollte sie daher nicht entfernen, sondern dem eingetopften Bambus belassen.

Vitaler Bambus durch Eberts-Bambusdünger. Die Nährstoffkomponenten sind speziell auf die Bedürfnisse von Bambussen abgestimmt.

Das bisschen Pflege – durch Entfernen älterer, unproduktiver Halme hält man den Bambus auch optisch jung und gesund.

Schneiden

Wer schon etwas Erfahrung mit der Kultur von Bambussen hat, wird seine Pflanzen nicht völlig sich selbst überlassen. Ein Bambushain zeigt sich in einem ganz anderen optischen Zustand, wenn man ihm etwas Pflege angedeihen lässt.

Bei den *Phyllostachys* wird der Bambusfreund zu Ende des Winters ältere und dünnere Halme ausschneiden. Vielleicht auch solche, die durch Schneebruch geknickt wurden. Solche erkennen Sie sehr leicht an ihrer Farbe. Sie sind nicht frischgrün, sondern gelblich oder grau. Bei dieser Pflegemaßnahme schafft man gleichzeitig Platz für die in wenigen Monaten neu aufkommenden Halme. Die abgeschnittenen Halme – vorausgesetzt, sie haben schon eine gewisse Stärke – können Sie entasten und selbst verwerten, beispielsweise im Gemüsegarten oder als Haltegerüst für Stauden und Clematis. Was übrig bleibt, wird gehäckselt und geht als Mulch wieder in den Bambushain zurück. Doch aufgepasst: Nur ein leistungsfähiger Häcksler schafft es, die splitternden Bambushalme zu zerkleinern.

Heckenschnitt

An der Stelle, an welcher ein Halm abgeschnitten wurde, gibt

Bei Arten mit dekorativen Halmen besonders empfehlenswert: Das Hervorheben und Betonen des Halms durch Entfernen der unteren Seitenzweige. Der Gesamteindruck wird damit leichter und luftiger.

es kein weiteres Wachstum mehr – jedenfalls nicht in die Höhe. Aber am abgeschnittenen Halm verdichtet sich die Belaubung. Wer eine Bambushecke pflanzt, kann diese folglich ohne Mühe durch einen einzigen jährlichen Schnitt auf der gewünschten Höhe halten.
Es ist dabei lediglich zu beachten, dass die neuen, die Hecke überragenden Halme erst geschnitten werden dürfen, wenn sie ausgewachsen sind und beginnen, Zweige und Blätter auszubilden.

Topiary
Dieser spezielle Formschnitt kommt ursprünglich aus der englischen Gartenkunst. Dort hat man schon früh begonnen, durch entsprechenden Schnitt Pflanzen in bestimmte Formen und Figuren zu trimmen. In manchen Gärten und in Innenhöfen sehen wir Kiefern, *Buxus,* Eiben oder andere Nadelhölzer, in seltenen Fällen auch Laubgehölze, die in jahrelanger Arbeit gestaltet wurden, bis die gewünschte Form erreicht war – sei es eine Vase, seien es Vögel oder Hunde. Bambus lässt sich ebenfalls auf diese Art schneiden und wird dadurch natürlich noch mehr die Blicke auf sich lenken.

Bambus in Pagodenform
Man wartet zunächst die vollständige Entwicklung eines oder mehrerer möglichst dicker Halme ab. Im unteren Bereich werden die Zweige dann bis auf ca. 60 cm Höhe über dem Boden beidseitig abgeschnitten. Die nächste Verzweigung – sie besteht aus einem größeren und einem dicht daneben stehenden kleineren Ästchen – bleibt stehen, wird aber von außen um die Hälfte eingekürzt. Die nächsten beiden Astpartien oberhalb werden ganz entfernt. Die nächstfolgende auf der gegenüberliegenden Seite wird wiederum von außen um die Hälfte eingekürzt. Und so geht es weiter bis ganz nach oben. Es ist auch möglich, die Abstände zwischen den Etagen zu vergrößern, indem man jeweils zwei Astpartien auf jeder Seite herausschneidet. Wenn der Halm nach oben zu dünn wird, wird man ihn abschneiden. Dort, wo wir diese Lücken angelegt haben, wird im darauf folgenden Jahr die Belaubung dichter, erst dann fällt die Pagode richtig ins Auge.
Die meisten der im Folgejahr aufkommenden Halme wird man bodeneben entfernen, sie würden sonst das Bild stören. Einige besonders starke Halme wird man wieder auswählen und sie auf die gleiche Weise wie im Vorjahr bearbeiten. Zug um Zug erneuert man so seinen Bestand.

Phyllostachys aurea als Stämmchen bringt frisches Grün auf die minimalistisch gestaltete Gartenterrasse.

Auslichten
Einen Bambushain sollte man nicht völlig sich selbst überlassen. Dies würde nämlich bedeuten, dass dort alle Jahrgänge an Halmen vertreten sind – auch abgestorbene. Wer ein Grundstück mit einem ungepflegten Bambushain übernommen hat, weiß, wovon die Rede ist. Schon viele verkommene Bambuswäldchen wurden durch Mitglie-

Große Flächen bodendeckender Bambusse können problemlos und schnell mit der Motorsense zurückgeschnitten werden.

der einer Bambusgesellschaft gerettet, die sich in ihrer Freizeit ehrenamtlich an diese Arbeit gemacht haben. Der günstigste Zeitpunkt für eine solche Aktion ist Mitte März, bevor das Wäldchen zu neuem Leben erwacht. Tote, alte und zu eng stehende Halme schneidet man bodeneben ab. Bis zu einem Durchmesser von Daumenstärke geht das problemlos mit der Rebschere, vor allem wenn man mit der linken Hand den Halm von sich wegdrückt und so Spannung ausübt. Selbst geerntete Halme kann man entasten und später verwenden – als Haltestäbe für Stauden, im Gemüsegarten, als Rankhilfe für Clematis. Was dann noch übrig ist, schneidet man klein und lässt es am Boden verrotten.

Wer einen starken Häcksler besitzt, kann das Geäst zerkleinern und im Hain verteilen.

Bodendecker zurückschneiden

Alle niedrigen Bambusse (z.B. *Pleioblastus pygmaeus, P. distichus, P. fortunei, P. auricomus, Sasaella glabra* f. *albostriata, Sasa veitchii)* sollten zumindest 1-mal pro Jahr zurückgeschnitten werden.

Für eine dichte »Wiese« schneidet man bis zu 4-mal und düngt dazu regelmäßig. Die Blätter dieser bodenbedeckenden Bambusse werden über den Winter strohig und würden den Austrieb neuen Laubs behindern. Mit einer Heckenschere oder mit Hilfe eines Freischneidegerätes ist diese Arbeit schnell erledigt. So etwa bei *Sasa veitchii,* dessen besondere Zierde die winterliche Belaubung mit auffallend ockerfarben umrandeten Blättern ist. Sobald der Winter vorüber ist, muss man sich freilich von ihr trennen. Je nach Größe und Alter der Pflanzen schneiden Sie sie etwa zwei Handbreit über dem Boden ab. Der neue Austrieb zeigt sich bereits wenige Wochen später in sattem Blaugrün.

Bambusse wie *Hibanobambusa tranquillans* 'Shiroshima', *Sasa palmata* f. *nebulosa, Indocalamus tessellatus* und *Indocalamus latifolius* schneidet man ebenfalls kräftig zurück. Nicht so radikal wie ihre bodendeckende Verwandtschaft freilich, hier genügt etwa ein Drittel. Sie schneiden bis auf die Höhe, wo noch strohige Blätter ansetzen. Weiter unten, am verbleibenden Halmteil, kommt bald der Neuaustrieb aus schlafenden Augen.

Bambus im Winter

Winterhärte

Die Angaben bezüglich der Winterhärte, wie wir sie aus der Literatur und den Katalogen kennen, dürfen nicht als verbindlich angesehen werden. Sie sind allenfalls Vergleichszahlen.

Die Dauer der Kälte ist ausschlaggebend und ebenso die herrschende Luftfeuchte. In Meeresnähe, wo wir es gewöhnlich mit feuchterer Luft zu tun haben, wird der Bambus tiefe Temperaturen viel leichter überstehen als weiter im Landesinnern, wo kontinentales Klima herrscht. Ganz ungünstig und gefährlich für das Überleben wird es, wenn tagelanger trockener Ostwind an den Pflanzen zerrt. Auch die Bodenbeschaffenheit hat ihren Einfluss. Sandböden besitzen wenig Wasserhaltekraft, wenig Pufferung und trocknen wesentlich schneller aus als lehmige Böden. Leider zeichnen sich nicht alle im Handel erhältlichen Bambusse durch gute Winterhärte aus. Vielfach werden *Phyllostachys aurea* angeboten, obwohl bekannt ist, dass es bei diesen am ehesten zu Winterschäden kommt. Oftmals kommt der Winter in mehreren Wellen. Das Wechselspiel zwischen niedrigen Nachttemperaturen und starker Sonne am Tag, wie wir es oft noch Anfang März erfahren, schadet Bambussen ganz besonders.

Winterschutz

Wenn Sie eine Sorte gewählt haben, die den örtlichen Klimabedingungen entspricht, braucht es allenfalls im ersten Jahr nach der Pflanzung einen Schutz des Wurzelbereichs: Stellen Sie dazu feinmaschigen Hasendraht rund um den Fuß der Pflanze auf und füllen Sie etwa 30 cm hoch trockenes Laub ein. Beides sollte rechtzeitig zu Beginn des Frühjahrs entfernt werden.
An frostfreien Tagen dürfen Sie das Gießen nicht vergessen. Bambusse, so paradox es klingen mag, leiden viel eher unter Trockenheit als unter den niederen Temperaturen. Bambusfreunde, die in sehr kalten und schneereichen Gebieten zu Hause sind, können zusätzlich die Halme locker zusammenbinden und sie mit Schilfrohrmatten bzw. Nadelholzzweigen umstellen.
Der wintergrüne Bambus verdunstet das ganze Jahr über Wasser, benötigt also Nachschub aus dem Boden. Wenn der Boden gefroren ist, kann der Bambus vertrocknen (Frosttrocknis). Deshalb muss auch im Winter an frostfreien Tagen kräftig gegossen werden.

Gut verpackt

Die Verdunstung können wir etwas reduzieren, indem wir die Pflanze mit Wintervlies einpacken. Das ist besonders bei

Winterschutz im Hochschwarzwald. In den meisten Gegenden Deutschlands sind solche Verpackungskünste zum Glück nicht erforderlich.

Eine Schicht aus Reisig, Stroh oder Laub verhindert das Gefrieren der Erde im Wurzelbereich. Und der Bambus hat bei Bedarf auch im Winter Wasser zur Verfügung.

rauem Ostwind und in kalten Nächten ratsam. Dazu verankern Sie drei oder vier starke Bambushalme oder dünne Holzpfähle schräg im Boden, binden sie oben zusammen und umwickeln das Ganze mit dem Vlies. Heute ist es auch möglich, regelrechte Säcke aus **Wintervlies** zu kaufen. Diese stülpt man über die Pflanze und befestigt sie mittels einiger Zeltanker im Boden. Bedenken Sie, dass eine solche Konstruktion den Winterstürmen standhalten muss.

Drückt schwerer Schnee den ganzen Bambus zu Boden, schütteln Sie ihn einfach ab, damit die Halme nicht brechen. Wenn Regen gefriert und Blätter und Halme in einen Eispanzer hüllt, sieht das zwar schön aus, kann aber auch zu Bruch führen.

Natürliche Schneedecke

Eine gehörige Schneedecke ist ein guter Winterschutz. In der Schweiz gibt es Bambushaine, bei denen in jedem Winter die Halme durch den Schnee umgelegt und total zugedeckt werden. Die Blätter nehmen keinen Schaden, sie erhalten ihr Grün. Anders ist es mit einzelnen Halmen, die aus der Schneedecke herausragen. Sie können regelrecht abbrennen, die Blätter werden strohig. Wenn sich ein platt gewalzter Bambushain nach der Schneeschmelze wieder aufrichtet, wird man zwar ein paar geknickte Halme zu beklagen haben, aber der Gesamteindruck des Wäldchens ist grün.

Überwintern von Bambus im Kübel

Kübelpflanzen mit ihrem begrenzten Erdvolumen sind stärker frostgefährdet. Wenn die Gefäße frei stehen und ihr Inhalt dem Frost über mehrere Tage und Nächte ausgeliefert ist, können die Rhizome dauerhaft Schaden davontragen oder gar erfrieren. Erstes Zeichen ist auch hier wieder Frosttrocknis. Ist das gesamte Rhizom geschädigt, treibt die Pflanze auch im Frühjahr nicht mehr aus. Sie können das Pflanzgefäß schützen, indem Sie es mit **Luftpolsterfolie, Kokosmatten** oder **Styropor** isolieren. Wenn die Pflanzgefäße bewegt werden können – hierzu gibt es praktische kleine Rollplattformen –, schaffen Sie sie an eine geschützte Stelle.

Wer einen ungeheizten Wintergarten hat, wird seine Bambustöpfe dort unterstellen. Der Lichtbedarf der Bambusse ist jedoch hoch, weit mehr als beispielsweise bei einem Oleander. Eine Methode der Überwinterung, die viel zu selten praktiziert wird, ist das **Einsenken des Topfes ins Erdreich.** Die Pflanze wird vor dem Einsenken nochmals ausgiebig gewässert. An der Erdoberfläche, oberhalb des Topfrandes, häuft man eine etwa 30 cm starke Schicht trockenen Laubes an. Die Erdwärme, so hat sich herausgestellt, erweist sich als sehr günstig. Eine auf diese Art im Freien versorgte Pflanze muss dennoch von Zeit zu Zeit gewässert werden, die Niederschläge reichen nicht aus.

Winterschäden

Wie gesagt, Kälte kann dem Bambus wenig anhaben, vorausgesetzt, wir haben es mit der richtigen Sorte zu tun. Hier werden bereits beim Kauf die Weichen gestellt. Die Erfahrung hat gezeigt, dass wir trotz allgemeiner Klimaerwärmung von Zeit zu Zeit doch noch einen wirklich harten Winter bekommen.
Nach einer besonders kalten Periode kann der Bambus Laubschäden davontragen – aber das heißt noch nicht, dass er erfroren ist. Der Bambus stößt im Frühjahr einfach die toten Blätter ab und bildet neue. Frostgeschädigte Bambushalme können eigenartige, unregelmäßige dunkelbraune oder schwarze Flecken bekommen. Doch auch hier heißt es: Keine Sorge! Selbst wenn nach tagelangem austrocknenden Ostwind und sehr tiefen Minusgraden alle Blätter und Halme abgestorben sind, besteht noch eine Chance, dass sich die Pflanze erholt. Solange das Rhizom keine schlimmen Schäden davongetragen hat, wird der Bambus im Frühjahr wieder austreiben.

Schädigungsstufen

1. Die Blätter sind tot

Sie nehmen zunächst die Farbe von Heu an, dann werden sie gelb, später fallen sie ab. Bambusse leiden besonders durch Trockenheit. Die so genannte Frosttrocknis kann zum völligen Dehydrieren der Blätter führen. Die Zellen sind zerstört. Die Blätter sterben. Sofern der Halm noch intakt ist, werden jedoch wieder neue gebildet. Einzelne schwarze Flecken am Halm bei Sorten, die keine artspezifische Fleckung aufweisen, geben einen Hinweis auf Frosteinwirkung.
Die braunen, abgestorbenen Blätter bleiben bis weit ins Frühjahr haften. Das ist kein schöner Anblick. Doch einmal kommt der Zeitpunkt, wo der Bambus aus seinen Sekundärknospen neue Blättchen ausbildet. Für den Bambusfreund bedeutet dies, dass er ausharren und nicht den ganzen Halm bodeneben abschneiden sollte.

2. Blätter und Halme sind tot

Dies äußert sich dadurch, dass sich neben den braunen Blättern auch die Halme verfärbt haben. Beim sonst pechschwarzen Bambus sind sie jetzt silbriggrau. Bei normalerweise grünhalmigen Bambussen stellen wir fest, dass weite Partien des Halmes dunkelbraun oder schwarz gefleckt sind. Das ist keine gute Nachricht. Hier sind die Leitungsbahnen des Halmes in Mitleidenschaft gezogen, die Blattknospen zerstört, sodass keine Hoffnung auf einen oberirdischen Neuaustrieb besteht. Doch noch ist nicht alles verloren. Bambus ist zäh und hat einen unbändigen Lebenswillen.

Pflanzgefäße immer rundherum mit isolierendem Material vor Vereisung schützen, denn die Wurzeln der meisten Pflanzen vertragen keinen Frost.

Der Reif kann dem Bambuslaub nichts anhaben. So können Gartenbesitzer diesen Winterzauber ohne Reue genießen.

Schneiden Sie die toten Halme am Boden ab und entsorgen sie auf dem Kompost. Zuletzt stehen nur noch die Stummel der einstigen Halme. Wenn die Rhizome intakt geblieben sind, wird ein Austrieb aus der Erde erfolgen. Da die Pflanze diese Kraftanstrengung ohne Zuhilfenahme ihres Blattwerkes, alleine mit den Reservestoffen aus den Rhizomen vollbringen muss, sollten Sie diesen Prozess vorsichtig durch die Gabe eines entsprechenden Düngers unterstützen.
Schon nach drei Jahren kann ein oberirdisch völlig vernichtetes Bambuswäldchen seinen ursprünglichen Zustand zurückgewonnen haben.

Pflanzenschutz

Bei Bambussen gibt es in der Regel keine größeren Probleme mit Schädlingen. Manche Sorten können, hauptsächlich im Frühjahr, Läuse bekommen. Oft hängt dies vom Standort ab. An Stellen mit wenig Luftbewegung ist die Chance, dass sich Läuse einstellen, größer. Wenn Halme sehr eng und dicht beieinander stehen, ist das für die Entwicklung der Sauger eine gute Voraussetzung.

Kampf gegen Laus & Co.

Wer seine Bambusse im Topf auf der Terrasse hält, kann im Frühsommer mit Läusen zu tun bekommen. Um sich ihrer zu entledigen, kann man versuchen, die gesamte Pflanze mit einer Mischung von Schmierseife unter geringer Beigabe von Spiritus einzusprühen und anschließend mit einem scharfen Wasserstrahl abzuspülen. Im Handel sind Mittel auf Pyretrum-Basis erhältlich oder solche, die vom Neemstrauch gewonnen werden. Erst wenn dies alles nicht hilft, wird man die kombinierten Dünger-Pflanzenschutz-Stäbchen besorgen und in der entsprechenden Anzahl in die Topferde drücken. Das Insektizid, welches dabei freigesetzt wird, wirkt systemisch, also über den Saftstrom der Pflanze.

Rußtau

Häufig wird der Gärtner zu Rate gezogen, wenn schwarzer Rußtau auf den Blättern festgestellt wird. Rußtau ist keine Krankheit. Hier handelt es sich vielmehr um eine Folgeerscheinung des Befalls mit Läusen. Auf den honigartigen Ausscheidungen der Läuse siedeln sich Schwärzepilze an, die für die Pflanze nicht schädlich sind. Sie können Ihre Pflanzen mit dem Wasserstrahl abspritzen und sich so dieses Belages entledigen.

Weitere Schädlinge
In heißen Sommern bei geringer Luftfeuchte kann es zum Befall mit **Spinnmilben** kommen. Man stellt kleine runde Einstiche fest, wie eine Perlenschnur aufgereiht. Zeitweise bilden sich auch Gespinste an der Unterseite der Blätter. Spinnmilben sind nicht leicht zu bekämpfen. Wenden Sie sich an Ihren Gärtner. In seltenen Fällen kann man bei *Semiarundinaria fastuosa* feststellen, dass sich ein Teil der neuen Blätter einrollt und verklebt. Hier haben wir es mit **Thripsen** zu tun.

Probleme bei Innenraumkultur
Bei der Innenbegrünung mit Bambussen kann die Schädlingsbekämpfung eher zum Thema werden. Der erfolgreiche Einsatz von Pflanzenschutzmittel gestaltet sich jedoch nicht zuletzt wegen der damit verbundenen Geruchsbelästigung schwierig. Falls Bambusspinnmilben auftauchen, können Raubmilben mithelfen, das Problem zu lösen. Diese natürlichen Feinde der Spinnmilben lassen Sie sich von speziellen Nützlingszüchtern schicken.

Laubfall

Im Sommer kann es beim Bambus überraschend zu stärkerem Laubfall kommen. Dies ist keine Krankheit oder die Auswirkung eines Schädlings, sondern hat andere Gründe. Die Pflanze ist durch den Geburtsstress der neuen Halme stark gefordert und stößt deshalb massenhaft Blätter ab. Es kann sogar sein, dass ein solcher Bambus für ein paar Tage nahezu kahl ist. Wir haben es mit einer regelrechten Mauser zu tun. Dieses Phänomen ist insbesondere bei ausgepflanzten *Phyllostachys pubescens* zu beobachten. Bei den Arten und Sorten, mit denen wir es im Garten überwiegend zu tun haben, ist dies eher selten.

Wühlmäuse

Wühlmäuse gehören nicht zu den Lieblingstieren des Gärtners und können auch Bambussen großen Schaden zufügen. Sie treten besonders dann auf, wenn brachliegende, verwilderte Grundstücke an den Garten angrenzen. Plötzliches, unververmitteltes Eintrocknen einzelner Halme lässt auf ihr Vorhandensein schließen. Der eingetrocknete Halm lässt sich dann ohne Anstrengung aus dem Boden ziehen. Kein Wunder, denn die Rhizome sind abgefressen. Die Bekämpfung dieser unterirdisch aktiven Nager ist schwierig. Für Eulen sind sie die Hauptnahrungsquelle. Vom Einsatz der giftigen Phosphorpatronen sollte man absehen. Bewährt hat es sich, die Pflanzgrube der Bambusse mit feinem verzinkten Kaninchendraht auszukleiden. Auch die Rhizomsperre hält Wühlmäuse angeblich fern. Manche Gartenbesitzer verwenden sie daher entlang ihrer gesamten Grundstücksgrenzen.

Spinnmilben an Bambuslaub. Ölhaltige Präparate sorgen für diesen Fall ganz biologisch für Abhilfe.

auf einen blick

- Bambus ist keine Sumpfpflanze, aber Wasser schluckt er gern, auch im Winter
- Bambus ist nicht anspruchsvoll, aber hungern will er nicht. Es gibt Bambusdünger.
- Bambus fürchtet sich nicht vor dem Frost. Extreme Kälte kann ihn zwar oberirdisch schädigen. Aber er treibt wieder aus.

Bezugsquellen, Adressen, Literatur

Bezugsquellen

BambusCentrum
Deutschland
Baumschule Eberts
Saarstraße 3–5
76532 Baden-Baden
www.bambus.de

Uli Willumeit
Gärtnerei
Nussbaumallee 71
64297 Darmstadt

Werner Simon
Staudengärtnerei
97828 Marktheidefeld
www.gaertnerei-simon.de

Schweiz
Baumschule Daepp
Bärenstutz 7
CH-3110 Münsingen
www.daepp.ch

Niederlande
Jos van der Palen
Kimmei-Gärtnerei
Zandbergstraat 14
Noord Brabant
NL-555 LB Valkenswaard
www.kimmei.com

Adressen

Bambusgesellschaften

European Bamboo Society
www.bodley.ox.ac.uk/users/djh/ebs/

Sektion Deutschland
Edeltraud Weber
John Wesley- Str. 4
63584 Gründau
www.bambus-deutschland.de

Sektion Österreich
Robert Jonas
Bambusnetzwerk Österreich
A-2201 Seyring
bei Wien
www.bambus-austria.at

Sektion Schweiz
Herbert Sennhauser
Rietstraße 3 A
CH-8630 Rüti
www.bambus-schweiz.ch

Sehenswerte Bambus-Anlagen

Botanischer Garten
Hamburg
Heesten 10
22609 Hamburg-Klein Flottbek

Arboretum Thiensen
25373 Ellerhoop-Thiensen (nördlich von Hamburg)

Gruga Park
Virchowstraße 167 a
45147 Essen

Zoo Duisburg
Mülheimerstraße 273
47058 Duisburg

Palmengarten
Frankfurt
Siesmayerstraße
60323 Frankfurt

Insel Mainau
78465 Mainau/
Bodensee

Schweiz
Botanischer Garten der Universität Zürich
Zollikerstraße 107
CH-8008 Zürich

Chinesischer Garten, Zürich
Am Zürichsee

Italien
Botanischer Garten
der Stadt Rom
Largo Cristina di Svezia 24
I-00165 Roma

Park der Villa Carlotta
Via Regina 2,
I-22019 Tremezzo (CO)

Botanischer Garten
Schloss Trauttmansdorff
St. Valentinstraße 51 a
I-39012 Meran-Obermais

Frankreich
La Bambouseraie de Prafrance
F-30140 Anduze
(Nîmes)

Weiterführende Literatur

Farrelly, David:
The Book of Bamboo.
Sierra Club, 1997.

Recht, Christine/
Wetterwald, Max/
Simon, Werner: Bambus.
Ulmer Verlag, 1994.

Takama, Shinji:
Welt des Bambus.
DuMont Verlag, 1996.

Stichwortverzeichnis

Zahlen mit * verweisen auf Abbildungen

Bibliographische Information der Deutschen Bibliothek

Die Deutsche Bibliothek verzeichnet diese Publikation in der Deutschen Nationalbibliographie; detaillierte bibliographische Daten sind im Internet über http://dnb.ddb.de abrufbar.

Bildnachweis:

Borstell: 66, 70
BambusCentrum Deutschland, Baumschule Eberts: 4u, 5, 7, 16, 21, 27, 11, 130, 29, 30u, 31, 32, 33, 35o, 37, 38, 39o, 40o, 40u, 41, 45u, 46, 49o, 50, 53, 55u, 56u, 57, 59o, 59u, 61, 63, 64, 65, 73, 75u, 83, 84o, 84ul, 85, 86, 87, 88, 90, 91
Eberts S.: 8, 18, 19, 20, 22, 42, 43, 44u, 51u, 55o, 77, 80, 82, 84ur
Froesie: 26, 30o, 36, 44o, 45o, 47, 56o, 58
Hagen: 24, 39u, 49u, 60
Jonkmanns: 72
Kikkoman: 14
Liese: 40, 9u, 15
Markley: 75o, 78u, 79, 89
Oltmanns: 35u
Reinhard: 1, 6, 9o, 10, 52, 54, 74, 78o
Rogers: 2/3, 13u, 17, 28, 51o, 62, 67, 69, 81
Stork: 25
Takama: 48
Wetterwald: 12, 71

Grafiken: Heidi Janiček

Danksagung

An dieser Stelle ein herzliches Dankeschön allen, die zur Entstehung dieses kleinen Bambusbuches beigetragen haben. Besonderer Dank gebührt Herrn Wolfgang Eberts, der als Bambusmann der ersten Stunde mit seinem reichen Erfahrungsschatz und seinem großen Wissen eine ergiebige Informationsquelle rund um den Bambus ist und der durch seine ansteckend wirkende Begeisterung wie kein anderer für die Verbreitung und den Erfolg des Bambus in Europa sorgt. Für seine Unterstützung beim Text danke ich Herrn Johannes Roth, und nicht zuletzt gilt mein Dank Herrn Dr. Hagen und seinem Team vom BLV Buchverlag für die angenehme und reibungslose Zusammenarbeit.

BLV Buchverlag
GmbH & Co. KG
80797 München

Umschlaggestaltung:
fuchs_design, Ottobrunn

Umschlagfotos:
Vorderseite: Borstell
Rückseite: Hagen (links), Rogers (rechts)

Lektoratsleitung:
Wilhelm Eisenreich
Lektorat: Dr. Thomas Hagen, Dr. Eva Dempewolf
Herstellung: Hermann Maxant

Layoutkonzept Innenteil:
Studio Schübel, München
Layout: Anton Walter, Gundelfingen
DTP: agentur walter, Gundelfingen

Gedruckt auf chlorfrei gebleichtem Papier

Printed in Germany ·
ISBN 3-405-16916-X

Kreative Gestaltungsideen für Ihren Garten

Tanja Ratsch
Der Garten im Topf
Der mobile Garten – innovativ, platzsparend und variabel: Gestaltungsmöglichkeiten mit Pflanzen in Töpfen und Kübeln, besonders geeignet für kleine Gärten, Terrassen und Balkone.
ISBN 3-405-16605-5

blv garten plus
Gerda Tornieporth
Buchs im Garten
Der Buchsbaum, das vielseitige Gehölz für Garten und Kübel: über 25 Sorten und ihre Verwendung; Pflege, Formschnitt, Gestaltung – von der Beeteinfassung über das Labyrinth bis zu geometrischen Formen und Tierfiguren.
ISBN 3-405-16058-8

blv garten plus
Dorothée Waechter
Formschnitt
Einsatzmöglichkeiten im Garten – von Beeteinfassungen bis zu Formen und Figuren; Formschnittgehölze im Topf, Porträts der geeigneten Gehölzarten, Schnitt- und Pflegepraxis.
ISBN 3-405-16840-6

blv garten plus
Siegfried Stein
Miniteiche und Wasserspiele
Miniteich-Basics von Gefäßen und Technik bis Überwinterung; Pflanzenauswahl und Gestaltungsvorschläge mit Beispielen für Balkon, Terrasse und Garten.
ISBN 3-405-16357-9

blv garten plus
Brigitte Röde
Gärten gestalten easy
Gärten gestalten in nur 7 Schritten – einfach, klar, leicht nachvollziehbar, gut umzusetzen; konkrete Projektbeispiele mit Plänen und Fotos vom Reihenhausgarten über den Minigarten bis zum Garten mit mediterranem Flair.
ISBN 3-405-16760-4

blv garten plus
Robert Markley
Ziergehölze
Rund 100 Ziergehölze für Vorgärten, Hecken, Heidegärten, Bauerngärten, als Bodendecker, Duftgehölze, Kübelbepflanzung und vieles mehr; Ziergehölze kaufen, pflanzen, schneiden und pflegen.
ISBN 3-405-16001-4

Im BLV Buchverlag finden Sie Bücher zu den Themen: Garten und Zimmerpflanzen • Natur • Heimtiere • Jagd und Angeln • Pferde und Reiten • Sport und Fitness • Wandern und Alpinismus • Essen und Trinken

Ausführliche Informationen erhalten Sie bei:

BLV Buchverlag GmbH & Co. KG
Postfach 40 02 20 • 80702 München
Telefon 089 / 12705-0 • Fax -543 • www.blv.de